폴 멘데스-플로어 1941-2024

뉴욕 출신의 폴 멘데스-플로어는 18세에 이스라엘 키부츠에서 봉사하던 중 마르틴 부버의 저작을 접하며 학문적 길을 정했다. 브랜다이스 대학에서 부버의 제자였던 나훔 글라처에게 사사하며 독일계 유대 사상의 진지한 전통을 익혔다. 그는 이후 부버 연구를 넘어 현대 유대 사상의 최고 권위자로 성장했으며, 1970년 이스라엘로 이주해 예루살렘 히브리 대학에서 연구를 이어갔다. 2000년부터는 시카고 대학에서 활동했다. 부버 전기《마르틴 부버: 신념과 저항의 삶》(2019)은 부버가 살았던 모든 시대적 배경에 대한 심오한 이해를 보여 주는 세심하고 통찰력 있는 부버 전기라는 평을 받는다. 사진작가인 리타 멘데스와 결혼한 후 아내의 성을 따라 복성(複姓)을 사용했다. 2024년, 마르틴 부버와 같은 묘지에 묻혔다.

이 책의 미덕은 신앙을 교리나 이론이 아니라 이야기로 되살려 낸 데 있다. 부버는 하시디즘의 짧은 일화 속에 하나님과 인간, 사랑과 겸손, 믿음과 회의가 얽힌 생생한 대화를 담는다. 우리는 여기에 실린 이야기들을 통해 '경건함'은 현실을 회피하지 않는 신뢰의 태도임을 배우게 된다. 종교, 철학, 문학, 영성의 경계에서 삶의 불꽃을 다시 찾고 싶은 이들에게 이 책은 조용하지만 깊은 울림을 줄 것이다.

강영안 | 한동대 석좌교수, 미국 칼빈신학교 철학신학교수,
서강대 명예교수

하시디즘 랍비들은 말씀의 빛 안에서 살며 욕망의 속박에서 벗어난 이들이다. 그들이 제자들과 나누는 대화는 평범하지만 어느 순간 우리가 사로잡혀 있는 통념의 허를 찌른다. 통념이 무너진 자리에 홀가분하고 유쾌한 자유의 바람이 불어온다. 부싯돌에서 튀어나온 불씨가 순식간에 부싯깃에 옮겨붙어 불꽃을 일으키듯, 하시디즘 이야기는 무뎌진 우리 영혼에 잠들어 있던 영원의 빛이 깨어나도록 해 준다.

김기석 | 청파교회 원로목사

왜 그런지 모르겠다. 선문답처럼 간결한 백 개의 이야기를 읽어가는 동안 말로는 표현할 수 없는 무언가가 속에서 일렁이며 여진을 남긴다. 헤르만 헤세가 격찬하며 노벨상 후보로 제안했다는 이야기는 헛말이 아니다. 부버가 40년간 수집했다는 구전의 지혜가 오늘 나에게 묻는다. "당신은 거룩한 기쁨으로 이 세상을 사랑하는가?"

최주훈 | 중앙루터교회 담임목사

하시디즘
100개의 이야기

HUNDERT CHASSIDISCHE GESCHICHTEN
by Martin Buber

Copyright ⓒ 1921 by Martin Buber
Translated from the German by Hans Schwarz

하시디즘
100개의 이야기

마르틴
부버

HUNDERT
CHASSIDISCHE
GESCHICHTEN

폴 멘데스-플로어 엮음 ✕ 손성현 옮김

일러두기

- 지명과 인명은 동유럽 유대인들이 사용했던 이디시어 발음을 기준으로 삼는다. 필요한 경우 현재 지명을 역주에서 언급했다.
- 하시디즘 운동이 벌어진 곳은 현재의 지명으로 우크라이나, 벨라루스, 폴란드 동부 등이지만, 당시에는 지금의 국가 명칭이 아니었다. 폴란드-리투아니아 연방, 말로 로시야(소 러시아), 벨라야 루스(백러시아), 갈리치아 등으로 불렸다.
- 하시디즘의 지도자는 '레베'로 불렸고 의인인 짜디킴을 가리킨다. 레베의 이름에는 출신지, 활동지, 사망지 등의 지명이 뒤따른다. 저자와 편자는 독일어 Rabbi로 표기했기에 우리말 랍비로 통일했다.
- 이야기의 주인공인 랍비에 대한 설명이 필요한 경우, 역주를 첨가했다.
- 히브리어 표현의 경우, 독일어보다 히브리어 발음을 우선시한다.
- 하시디즘 에다(종파)의 대략적인 계보는 199쪽을 참조하라.

차례

하시디즘 이야기

'하시디즘'이라는 단어의 어원은 '경건한 사람'이라는 뜻의 '하시드'다. 이 위대한 신앙 운동은 18세기 중반부터 동유럽 유대교를 완전히 새로운 모습으로 빚어 놓았고, 그 불꽃은 지금도 잿더미 아래서 희미하게 빛을 발하고 있다. 하시디즘 운동은 풍부한 이야기 전통을 남겨 놓았는데, 인류의 종교 역사에서 이런 사례는 찾아볼 수가 없다. 내가 수집한 이야기만 해도 일만 개가 훌쩍 넘는데, 그중에서 500개를 골라 다듬어서《위대한 마기드》와《감춰진 빛》두 권에 수록해 놓았다. 그 이야기 중에서 다시 100개를 추려 (몇 개는 추가하기도 했지만) 내용에 따라 다시 분류한 것이 바로 이 책이다. 하나님, 하나님 경외, 하나님 신뢰, 하나님 사랑에서 시작하여, 섬김과 신앙 여정, 죄와 회개,

단순함과 겸손, 인간과 피조물 사랑(이 책의 3분의 1 이상이 할 애되어 있다), 가르침과 배움, 개인과 공동체의 고난을 거쳐 구원에 이르는 구성이다.

마르틴 부버

100개의 선택

1933년 1월, 히틀러가 집권한 직후 마르틴 부버(1878-1965) 는 친구이자 출판사 대표인 람베르트 슈나이더를 만나기 위해 베를린에 왔다. 부버와 슈나이더는 나치(국가사회주의) 독재하에서 저자와 출판인의 역할에 대해 이야기를 나누었다. 부버는 공개적 저항에 뒤따르는 위험을 잘 알고 있었다. 어떻게 절망에 맞서 싸울 수 있을까? 그 자리에서 부버는 이런 말을 남겼다. "우리는 카타콤에서 사는 법을 배워야 합니다. 저 권력자들이 우리 작가들의 저항을 금방 눈치채고 우리의 목덜미를 낚아채 끌고 가게 해서는 안 돼요. 지혜롭게 글을 써야 합니다. 나중에 우리 의도가 드러나 책임질 날이 올 수 있겠지만, 그 전에 많은 사람이 우리 글을 읽게 해야 합니다."[1]

이 말에서 부버는 무엇을 암시했을까? 부버의 동지였던 에른스트 시몬은 그것이 새로운 미드라시를 쓰는 것이라고 이해했다. 새로운 미드라시는 그 옛날 랍비들의 모범을 계승한 일종의 문학 형태, 가르침의 형태로서 "핍박을 당하는 소수 민족이…외부 세계와 대결하기 위해 [만들어 낸] 내부 언어(Binnensprache), 그 민족의 구성원이나 같은 신앙을 공유하는 사람들은 대개 이해하지만 외부의 적대자는 전혀 알 수 없는 언어다. 이로써 일종의 아우구르 스타일(Augurenstil)*의 대화가 이루어진다. 한 사람이 미소를 지으면서 뭔가를 말하면 그 말을 들은 사람은 똑같은 방식으로 반응하는데, 이런 대화는 어떤 비밀스러운 계획을 은밀히 나눌 수 있는 친밀한 공감대를 전제하며, 대화를 통해 서서히 그 공감대에 가까워진다."[2]

1. Lambert Schneider, *Rechenschaft über vierzig Jahre Verlagsarbeit. 1925-1965. Ein Almanach*.
2. Ernst Simon, *Aufbau im Untergang* (Tübingen, 1959).

* 아우구르(Augur)는 고대 로마의 관리로서 로마의 주요 정책이나 전쟁에 관한 신의 뜻을 알기 위해 새들의 움직임을 관찰하여 길조인지 흉조인지 해석하고 보고하는 임무를 수행했다. 점복관(占卜官) 혹은 조복자(鳥卜者) 등으로 옮긴다. '아우구르 스타일'은 명시적 언어가 아닌 상징과 비유로 가득한 암시적인 소통 방식을 뜻한다. ─옮긴이

새로운 미드라시가 랍비들의 설교 스타일의 가르침과 다른 점은 문학적으로 다른 장르의 목소리를 사용하기 때문이다. 소박한 학술 논문이나 히브리어 성경 구절 번역을 통해서도 그 목소리가 들려올 수 있다. 역사적으로 한참 거슬러 올라간 과거의 텍스트는 뭔가를 약간 흐릿하게 만드는 층위에 있으므로 새로운 미드라시는 그런 층위 아래 자신의 메시지를 감출 수 있다. 그 메시지는 고난으로 가득한 상황에서 나온 것이며, 바로 그 고난의 상황을 다룬 것이기 때문에 그 상황에 실존적으로 결부된 사람만이 명확하게 이해할 수 있다.

신실한 가톨릭 신자였던 람베르트 슈나이더는 새로운 미드라시의 탄생에 특별한 공헌을 했다. 그는 유대교의 지적·영적 르네상스를 촉진하려는 목표로 1932년 설립된 쇼켄 출판사(Schocken Verlag)의 대표로서, 유대 민족을 물리적으로나 정신적으로 게토화하려는 당시 정권의 시도를 단결된 힘으로 저지하기 위한 전략을 구상했다. 그때 슈나이더가 시작한 여러 프로젝트 중 하나가 쇼켄 소책자 시리즈다. 가격이 저렴하고 한 손에 딱 들어오는 크기의 소책자들은 "모든 시대, 모든 나라에서 쏟아져 나오는 엄청난 양의 문헌들, 그래서 보통 사람으로서는 도저히 가까이 할 수 없다고 생각하는 문헌들 중에서, 우리 시대의 진지한 독자에게 직접적으로 호소력 있게 다가설 만한 것을 조심스럽게 추려내 서서히 하나의 체계를 완성하는 것"을 목표로 했다. 1933년부터 1938년까지 매달 평균 두 권을 펴내는 대단한 기세로 대략 백 권의 소책자가 나왔지만, 결국 국가사회주의 정권에 의해 중단되고 말았다.

《하시디즘: 100개의 이야기》는 해당 시리즈의 네 번째 책이다. 부버가 이미 1920년대에 출간했다가 1945년 훨씬 많은 분량을 추가해 《마네세 세계문학총서》(*Manesse Bibliothek der Weltliteratur*)에 포함시킨 《하시딤 이야기》(*Die Erzählungen der Chassidim*) 중에서 백 개를 선별했는데, 언뜻 보면 그 선별 과정에서 신학의 정신이 주도적인 역할을 한 것 같다. 그러나 이 책을 미드라시로 본다면, 이야기의 선별 자체가 그 당시 독일을 지배하고 있던 권력에 대한 정신적 저항의 메시지라는 사실을 어렵지 않게 눈치챌 수 있다. 이 책의 첫째 이야기와 마지막 이야기만 읽어 봐도 이 책이 엄연히 미드라시라는 사실을 알 수 있다. 나는 독자들이 이 책을 펼치고, 사탄적인 메시아가 나타나는 바람에 갑자기 자신의 삶이 불행의 그림자로 뒤덮이고 모든 선과 덕스러움이 철저하게 몰락하는 것을 경험한 사람의 눈과 영혼으로 여기 나오는 이야기를 하나씩 읽어 나가기 바란다. 부버는 제3제국이 시작된 후 처음 발표한 글에서 새로운 미드라시의 포괄적 의미에 관해 이렇게 말했다. "오늘의 유대인은 이 세상에서 내적으로 완전히 내버려진 인간이다. 우리 시대의 긴장된 상황은 이 지점을 선택했고 거기서 이 시대의 힘을 측정해 보려고 한다. 인간이 과연 그 긴장을 이겨 낼 수 있을까? 그것을 유대인에게서 실험하려고 하는 것이다. 버텨 낼 것인가? 아니면 산산이 부서질 것인가? 그들을 둘러싸고 있는 것은 무엇인가?"

하시디즘 이야기들은 알레고리로 메시지를 전하는 미드라시의 방법과 잘 어울린다. 부버는 이런 방식을 활용하기 위해 하시디즘 이야기를 선택했다. 이야기의 본래적 형태는 입에서 입으로 전달하는 방식이다. 구전의 전형적인 특징은 모든 이야기가 견고한 아포리즘의 모습으로 나타난다는 것이며, 그래서 기억하기도 좋고 다른 사람에게 전달하기도 좋다. 또한 이런 이야기는, 이야기를 들려주는 사람의 삶과 서사적 상상력이 스며들어 사람들의 삶과 영혼에 실존적인 토대를 확보하게 된다. 이야기를 하고 들으면서 가장 특별한 것, 곧 그들의 삶의 자리(Sitz im

Leben)가 함께 메아리치는 것이다.

하시디즘은 18세기 동유럽에 살던 유대인들에게서 시작된 소박하고 대중적인 신비주의 운동이다. 하시디즘을 따르던 수만 명의 사람들이 유대인 대학살로 죽임을 당했지만, 그 운동은 지금도 이스라엘의 여러 도시와 유럽과 북아메리카에서 꽃을 피우고 있다. 부버는 하시디즘의 '이야기'야말로 하시디즘이 이 세상에 던지는 메시지의 핵심을 체현하고 있다고 생각했다. 하시디즘은 카발라의 신비로운 가르침 및 랍비들이 가르치는 율법의 변증법과 긴밀하게 얽혀 있으면서도, 그에 얽매이는 대신 신앙(Glauben)의 근본적인 태도에 집중한다. 이때 신앙이란, 부버가 이해한 것처럼 삶의 궁극적인 의미에 대한 신뢰(Vertrauen)라고 할 수 있다. 이 신뢰는 하나님이 이 세상을 이끌어 가신다는 아주 긍정적인 확신으로 지탱된다. 다만 이것은 나이브하고 맹목적인 신뢰가 아니다. 하시딤(경건한 사람들)은 하나님이 불의하게 행동하시는 것처럼 보일 때, 혹은 자신들의 곤경을 그냥 지나치시는 것처럼 보일 때 주저하지 않고 항의했다. 그들이 신뢰하는 하나님은 인간이 무조건 머리를 조아리고 끊임없이 경배를 드려야만 하는 존엄한 통치자가 아니라, 사랑으로 인간과 소통하시는 분이다. 사랑에 기초한 모든 관계가 그렇듯, 하나님과 인간의 관계에서도 실망과 아픔과 근원적인 기대를 표현하는 일이 얼마든지 가능하다. 사랑은 서로에 대한 철저한 신뢰를 바탕으로 하기 때문이다. 하시딤에게는, 하나님을 사랑하면서 신뢰하는 것이 오히려 냉정한 현실주의의 여지를 마련해 준다. 그들은 운명의 시련을 회피하지 않고 그들의 삶을 괴롭히는 다양하고 집요한 악에 맞서 진지하고 의연하게 싸워 나갔다. 부버는 이 세상을 지배하는 악에 맞서는 담대한 저항이야말로 신앙의 심오한 표현이라고 말했다. 그들의 신앙은 이스라엘의 하나님, 사랑의 하나님, 자비와 정의의 하나님이 통치하신다는 믿음을 저버리고 냉소주의에 빠지지 않도록 불굴의 저항으로 맞서는 것이다.

폴 멘데스-플로어

하나의 빛이 타오르기 시작하면

옮긴이의 글

1949년 11월 말, 스위스 바덴에 머무르던 헤르만 헤세는 마르틴 부버에게 편지를 써 보낸다. 이 편지에는 부버의 《하시딤 이야기》(1947)를 읽은 기쁨을 얼른 전하고 싶은 헤세의 마음이 스며 있다. "저는 오래전부터, 하시딤의 이야기가 이렇게 한 권으로 묶여서 나왔으면 좋겠다는 소망을 품고 있었습니다. 드디어 그것을 볼 수 있게 되어 얼마나 기쁜지 모릅니다.…그 옛날 동유럽의 유대인들 사이에 흩어져 있던 짧고 흥미로운 이야기들이 이처럼 세계문학 수준의 책이 되기까지 정말 오랜 여정을 거쳤을 것입니다. 그러나 하나의 빛이 타오르기 시작하면 그 불빛은 사라지지 않습니다."[1] '독자' 헤세는 '작가' 부버의 작품 중에서 《하시디즘의 가르침에 따른 인간의 길》을 '가장 아름다운 작품'으로 꼽기도 했다. 1946년 노벨문학상을 수상한 헤세는 마르틴 부버를 두 번이나 노벨문학상 후보로 추천했다(1950/1958). 그는 스톡홀름의 노벨상 위원회가 자신의 추천을 받아들이지 않는 것을 못내 아쉬워했다.

나는 묻는다. 정말 그 정도인가? 부버의 글, 그중에서도 하시디즘의 수많은 전승과 전설을 수집하고 정돈하고 때로는 과감하게 재창조한 이야기들이 과연 '세계문학'의 반열에 오를 정도로 높은 수준인가?《데미안》과《수레바퀴 아래서》를 읽으며 억눌린 삶과 자유, 참혹한 어둠과 빛 사이에서 자기 안에 타오르는 정신의 불꽃을 느낀 사람이라면, 하시디즘의 이야기 속에서도 그만큼 황홀하게 타오르는 불꽃의 움직임을 볼 수 있을까? 적어도 헤세는 그랬던 것 같다. 그는 부버의 80세 생일을 맞아, 위대한 작가로서 부버의 공헌을 높이 평가하면서 다시 한번 하시디즘 이야기의 중요성을 강조한다. "나는 하시딤의 부드럽게 이글거리는 영혼의 세계를 놀라움과 기쁨으로 알게 되면서, 모든

1. Martin Buber, *Briefwechsel aus sieben Jahrzehnten III: 1938-1965* (Verlag Lambert Schneider 1975), 226.

신비주의에 나타나는 초국가적이고 초교파적인 요소를 볼 수 있는 눈이 열렸습니다."[2] 과연 오늘 우리에게도 이렇게 놀라움과 기쁨으로 눈이 열리는 체험이 가능할까?

또 묻는다. 왜 하필이면 '하시디즘'의 이야기인가? 하시디즘은 유대교의 한 분파다. 18세기 중반 동유럽 유대인 대중에게 널리, 깊이 영향을 끼친 신비주의 운동이다. 이 세상의 모든 것에서, 모든 일상에서 하나님께 나아가는 길을 추구했던 소박하고 '경건한 사람들'(히브리어 '하시딤', 단수는 '하시드')의 이야기를 수집하고 전파하는 것은 마르틴 부버의 평생 과제였다. 그러나 부버의 관심사는 결코 하시디즘 자체가 아니었다는 사실을 강조해야 한다. 부버스스로 밝혔듯이, 하시디즘은 "오로지 유대교 전승의 울타리 안에서만 머물고자 하며, 그 울타리 바깥에 있는 것에는 아무런 관심이 없었다."[3] 그러므로 하시디즘 자체를

2. Hermann Hesse, "Martin Buber zum 80. Geburtstag", in *Neue Deutsche Hefte*, Jahrg. 4, H. 43 (Gütersloher Verlagshaus 1958) 961-962.
3. Martin Buber, "Der Chassidismus und der abendländische Mensch", in *Martin Buber Werkausgabe* Bd. 17 (Gütersloher Verlagshaus 2016), 304.

뭔가 대단한 것으로 내세우면서 그 낯설고 독특한 신념 체계의 탁월함을 드러냄으로써 오늘날 우리가 따라야 할 정신적 모범으로 제시하는 것은 부버의 의도와 맞지 않는다. 현대의 극단적 하시디즘 종파의 폐쇄적이고 억압적인 모습을 감안하면 더욱 그렇다.

넷플릭스 드라마 〈그리고 베를린에서〉(2020)는 미국 뉴욕의 초정통파 하시디즘 공동체에서 탈출한 여성 에스티가 자기를 찾아가는 여정을 다룬다. 드라마는 데버라 펠드먼(Devorah Feldman)이라는 젊은 여성의 실제 경험을 다룬 자서전 《언오소독스》(Unorthodox, 사계절)를 기초로 한 것이다.[4] 이 제목에는 '정통파의 신앙이 어째서 이 모양이냐?'는 항변이 담겨 있는 것 같다. 뉴욕 한복판에 살면서도 전통 복장, 전통 언어, 전통 교육에 집착하며 바깥 문명과 최대한 격리된 생활을 고수하는 신앙, 게다가 여성의 주체성을 부정하고 오로지 출산과 육아에 전념할 것을 강요하

---

4. 초정통주의(Ultra orthodox) 유대교로 알려진 "하시디즘이라는 뿌리"에 대한 단호한 거절과 탈출은 초정통주의 입장에서는 '걸림돌'(스캔들)이었겠지만, 본인에게는 참된 자기를 찾아가기 위한 디딤돌이었다.

는 신앙. 우리는 그런 전통 혹은 정통 신앙(orthodox)에 '아니'라고 말해야 한다.

종교가 자신의 옳음을 다른 사람에게 강요하고, 거룩한 명분을 내세워 누군가의 희생을 정당화하는 악마적인 신념이 될 수 있음을 누구보다 예리하게 지적하고 경고했던 사람 마르틴 부버. 그가 하시디즘의 이야기를 발굴하고 전파하는 데 필생의 노력을 기울인 것은 무엇 때문이었을까? 부버는 고백한다. "하시디즘 안에 감추어져 있는 어떤 것, 그렇지만 세상 밖으로 나가려고 하는 것, 아니 나가야만 하는 어떤 것이 있었다. 나는 그것이 밖으로 나갈 수 있도록 돕는 일에 부적합한 사람은 아니었다."[5] 그 어떤 것은 잿더미에 파묻혀 영영 꺼져 버린 것 같았지만 아직 꺼지지 않은 '불꽃'이었다. 그 불꽃이 부버를 불렀고 부버를 통해 환히 타올랐다.

어린 시절 부버가 사드고라(현재 우크라이나의 사도라)에서 직접 경험한 하시디즘도 이미 몰락과 타락의 길로 접어든 흔적이 역력했다. 그러나 부버는 겉으로 드러난 어두운 모습과는 다른 어떤 것을 보았다. 모든 인간과 모든 사

---

5. Martin Buber, 앞의 책, 304.

물 안에 거룩한 불꽃이 깃들어 있음을 보는 사람들, 그래서 철저하게 이 세상을 사랑하는 사람들. 모든 불꽃이 그것의 근원으로 다가가야 함을 아는 사람들, 그래서 이 세상 속에서 끝끝내 하나님을 사랑하는 사람들. 부버는 그 '경건한 사람들' 즉 하시딤에게서 하나의 가능성을 발견했다. 하나님을 사랑한다면서 이 세상을 외면하거나, 세상에 대한 탐닉에 빠져 하나님을 외면하지 않는 길. 하나님을 통해 세상을 사랑하는 길이었다.

하시디즘의 이야기는 그 길, 그런 삶의 소박한 아름다움을 한 폭의 그림처럼 담아낸다. 말로 표현될 수 있는 것과 그럴 수 없는 것, 단숨에 이해되는 것과 도무지 이해되지 않는 것, 진지한 것과 가벼운 것, 거룩한 것과 속된 것, 슬픔과 기쁨, 눈물과 웃음이 절묘한 색감으로 조화를 이루는 작품이다. 부버의 하시디즘 이야기를 하나하나 읽어 가노라면, 하시디즘의 뿌리에서 나온 위대한 화가 마르크 샤갈(Marc Chagall, 1887-1985)의 그림이 떠오를 것이다. 이 세상의 모든 사람·사물·동물에게 거룩한 불꽃이 깃들어 있다는 깨달음이 노래 같은 그림으로, 그림 같은 이야기로 번져 나가는 것이다. 이야기는 하시디즘 공동체의 영적 지도자인 '의로운 사람들'(히브리어 '짜디킴', 단수는 '짜디크')에게 초점을 맞추고 있는 것 같지만, 그들의 말과 행동을 온 존재로 듣고 가슴에 새긴 후, 계속해서 전승한 '경건한 사람들'이 있었기에 오늘날까지도 그 풍부한 이야기 전통이 살아남았다. 하시디즘의 이야기는 "짜디킴과 하시딤의 상호작용, 짜디킴의 삶과 하시딤의 삶의 표현이자 기록이다."[6] 각각의 이야기는 대화 상황, 대화적 관계, 대화하는 삶에서 튀어 오르는 불꽃이다. 부버가 선별하여 신중하게 배치한 100개의 이야기, 100개의 불꽃 가운데 어떤 것이 당신의 영혼을 타오르게 할지 모르겠다. 이 책을 읽는 독자는 반드시 어느 지점에서 뭔가 뜨거운 것이 자기 안에 옮겨붙는 것을 느낄 것이다. 회의적인 물음으로 이 이야기를 하나씩 옮기던 나에게 그랬던 것처럼. 그리고 "하나의 빛이 타오르기 시작하면 그 불빛은 사라지지 않는다."

이 책을 번역하는 도중 간절한 바람이 생겼다. '유대교의 역사와 사상, 하시디즘의 어제와 오늘에 관해 궁금한 점

6. Martin Buber, *Die Erzählungen der Chassidim* (Zürich: Manesse Verlag, 1949/2014), 16.

이 생겼을 때 언제든 물어볼 수 있는 사람, 이 분야에서 탄탄한 실력과 통찰력을 지닌 사람이 있으면 얼마나 좋을까!' 오주영 목사님과의 만남은 나의 소망에 대한 응답으로 다가왔다. 히브리 대학교에서 성서와 고대 근동학을 공부하고, 이스라엘 현지에 살면서 유대교의 역사적 흔적만이 아니라 근현대의 생생한 흐름까지 꿰고 계시는 오주영 목사님의 조언과 교정 덕분에 이 책이 담고 있는 메시지와 그 의미가 훨씬 명료해졌다. 이 책의 히브리어본까지 구해 읽어 주시고, 꼭 필요한 제안을 해 주신 오주영 목사님께 감사드린다.

나는 2022년 여름, 독일 바이에른 주의 작은 마을 노이엔데텔스아우에 살고 있는 친구의 집에 머무는 동안 이 책과 처음 만났다. 마르틴 부버의 이름만 보고 책을 꺼내 든 나에게, 친구는 선뜻 이 책에 완전히 매료된 자기 마음을 털어놓았다. "이 책을 읽고 있으면, 눈물이 쏟아질 것 같아!" 모든 책을 비판적으로 읽는 친구의 다소 감정적인 추천 덕분에, 내 마음은 이 작은 책을 향해 활짝 열렸다. 낯선 곳에서, 적대적인 사람들의 틈바구니에서 너무나 가난하게 살아가야 했지만, 자신을 비롯한 모든 것 안에 깃들인 거룩한 불꽃을 소중히 여기며 사랑과 기쁨의 삶을 살아간 사람들의 이야기가 펼쳐졌다. 100개의 이야기를 번역하려는 마음을 먹게 된 것, 100개의 불꽃이 내 안의 불꽃을 호명하며 호응하는 가슴 벅찬 체험을 할 수 있었던 것은 오로지 친구 덕분이다.

2002년 튀빙겐에서 처음 만난 후로 지금까지, 같은 곳에 있을 때나 멀리 떨어져 있을 때나, 나에게 큰 위로와 도움이 되어 준 친구 김성현 박사와 그 가족에게 깊은 감사의 마음을 전하고 싶다. 튀빙겐은 마르틴 부버에게도 각별한 곳이다. 1953년부터 1959년까지 부버는 여름마다 튀빙겐에 오래 머물면서 강연도 하고 지인들을 만났다. 아내 파울라의 손을 잡고 튀빙겐 이곳저곳을 거닐며 여유로운 시간을 보내기도 했다.[7] 바로 그곳에서 시작된 우리의 우정에 감사하며, 우리의 만남과 대화가 계속 이어지기를 기도한다.

2025년 10월
손성현

---

7. Karl-Josef Kuschel, *Martin Buber–seine Herausforderung an das Christentum* (Gütersloher Verlasghaus 2015), 318–323.

메즈비즈의 바알 쉠 토브 무덤

키이우에서 남서쪽으로 400킬로미터 떨어진 메즈비즈는 2025년 현재 우크라이나와 러시아 전쟁의 여파가 여실한 곳이다. 1648년 겨울에도 이 도시는 파괴를 경험했다. 보흐단 흐멜니츠키가 일으킨 봉기의 여파로 유대인 수만 명이 살해됐다. 우크라이나 사람에게 독립의 염원을 심어 준 인물이 유대인에게는 포그롬(대 박해)의 상징이다. 같은 해, 오늘날 튀르키예의 이즈미르에서는 사브타이 쯔비가 자신을 메시아로 선포했다. 거짓 메시아 소동은 향후 백 년간 동유럽 유대인 공동체를 공포로 몰아넣었다. 바알 쉠 토브는 1740년부터 메즈비즈에서 영적 지도자로 활동을 시작했고 1760년 사망했다. 매년 샤부옷(칠칠절)이 되면, 바알 쉠 토브의 기일을 맞아 수많은 순례객이 메즈비즈의 무덤을 찾는다.

질문과 대답

제자 하나가 스승의 집에 막 들어섰다. 스승이 다짜고짜 물었다. "모세, '하나님'은 누구신가?"

제자는 아무 말도 하지 못했다.

스승은 다시 물었다. "자네는 어째서 말이 없는가?"

"모르기 때문입니다."

스승이 대답했다. "나라고 그걸 알 것 같은가? 그래도 나는 말해야 하네. 말할 수밖에 없으니까. 그분은 분명히 계시네. 그분 외에는 어떤 것도 확실히 존재하지 않아. 그것이 그분이라네."

"내가… 믿나이다"

어느 날 레코비츠*의 랍비 노아흐가 방에 있는데, 벽 하나를 사이에 두고 붙어 있는 교실에서 어떤 소리가 들려왔다. 그의 신실한 제자 하나가 신앙 고백을 낭독하는 소리였다. 보통의 신앙 고백은 "나는 완전한 믿음으로…"라는 말로 시작해서 "…을 믿나이다"로 끝맺는다. 그런데 이 제자는 "나는 완전한 믿음으로…" 하고 시작하고는 말을 뚝 끊었다. 그리고 조용히 속삭였다. "이해가 안 돼."

랍비는 가만히 방에서 나와 교실로 들어갔다. 그리고 물었다. "뭐가 이해되지 않는 건가?"

제자가 대답했다. "모든 것이 이해가 안 됩니다. 입으로는 '내가 믿나이다'라고 하는데, 제가 정말로 믿는 걸까요? 그렇다면 저는 왜 자꾸 죄를 짓는 걸까요? 만일 내가 정말로 믿는 게 아니라면, 어째서 이런 거짓말을 읊어야 할까요?"

랍비 노아흐가 그에게 대답했다. "그게 바로 '내가 믿나이다'라는 고백이 기도라는 의미일세. 사실 그 말은 '나는 믿고 싶습니다'라는 뜻이라네."

경건한 제자에게 깨달음의 빛이 찾아왔다. 그는 이렇게

29

외쳤다. "네, 정말 그렇군요! 믿고 싶습니다. 온 세상의 주님! 내가 믿고 싶습니다!"

* 위대한 마기드 도브 베르에게는 많은 제자들이 있었고, 상당수가 대형 하시딤 왕조로 성장했다. 레코비츠의 하시딤 공동체는 다른 왕조에 비해 잘 알려지지 않았지만, 갈리치아 지역에서 많은 제자들을 길러냈다.

하나님의 거처

"하나님은 어디 계신가?"

코츠크의 랍비*는 자기 집을 방문한 사람들에게 갑자기 질문했다.

많이 배웠다는 사람들이 그를 비웃으며 말했다. "어떻게 그런 말씀을 하십니까? 온 세상이 그분의 영광으로 가득 하지 않습니까!"

그러나 랍비는 그들에게 답했다. "하나님은, 인간이 그분을 맞아들이는 곳에 계시오."

***

* 코츠크 하시딤의 지도자는 랍비 므나헴 멘델 모르겐슈테른 (1787-1859)으로, 랍비 멘델로 통한다.

숨바꼭질

랍비 바루흐*의 손자 예히엘이 한 친구와 숨바꼭질 놀이
를 하고 있었다. 예히엘은 자기가 숨을 차례가 되자 꼭꼭
숨었다. 이제 친구가 예히엘을 찾기만 하면 된다. 아무리
기다려도 친구가 찾으러 오지 않자, 예히엘은 하는 수 없
이 밖으로 나왔다. 친구의 모습은 보이지 않았다. 그제야
예히엘은 알게 되었다. 친구는 처음부터 예히엘을 찾지
않았던 것이다. 예히엘은 울면서 할아버지의 방으로 뛰
어 들어갔다. 그리고 못된 친구를 원망했다. 그때 랍비 바
루흐의 눈에서 눈물이 흘러내렸다. 랍비는 말했다. "하나
님도 이렇게 말씀하시는구나. 내가 숨었더니 아무도 나를
찾지 않는다고."

* 바알 쉠 토브가 죽고 나서 하시디즘 운동의 중심은 메제리
  츠로 옮겨 가지만, 그의 후손 역시 메즈비즈에서 운동을 이
  어 나갔다. 그가 바알 쉠 토브의 외손자 랍비 바루흐(1753-
  1811)다.

주님의 말씀으로

코브린의 랍비 모셰*의 제자가 공적인 업무 때문에 정신 없이 바빴다. 어느 날 아침, 일을 시작하는데 갑자기 걱정이 몰려왔다. 무엇을 어떻게 해야 할지 도무지 알 수 없는 지경이었다. 결국 모든 일을 내려놓고 시내로 들어가서, 자기 집에는 들르지도 않고 곧장 랍비의 집으로 갔다. 그때 랍비 모셰는 아침 식사로 먹을 보리죽을 앞에 두고 기도를 하고 있었다. "…주님의 말씀으로 모든 것이 생겨났나이다." 랍비는 방으로 들어오는 제자를 쳐다보지도 않았다. 손을 내밀어 악수를 청하지도 않았다. 제자는 식탁 옆으로 가서 가만히 기다리고 있었다.

마침내 랍비가 입을 열었다. "여보게, 잘만! 내가 전에 한 말 기억하는가? 자네가 자네 아버지를 꼭 닮았다고 했지? 지금 보니까, 자네는 아버지와 전혀 닮지 않았구먼. 언젠가 자네 부친이 걱정을 한 보따리 안고 나를 찾아온 적이 있었다네. 그때도 난 오늘과 똑같은 기도를 드리고 있었지. '…주님의 말씀으로 모든 것이 생겨났나이다.' 자네 아버지는 그 기도를 듣자마자 밖으로 나가려고 하는 거야.

그래서 내가 그 양반한테 말했지. '아브레멜, 무슨 문제가 있는 겐가?' 그러자 '아니요, 없습니다!' 하고 가 버리더군. 무슨 말인지 알겠나? 하나님의 말씀으로 모든 것이 생겨났다는 말을 들은 유대인이라면, 더 질문할 것이 없는 법이네. 모든 질문과 걱정에 대한 답을 들은 셈이니까!" 이렇게 말하면서 랍비는 제자에게 악수를 청했다. 제자는 잠시 침묵하다가 정중히 인사를 드리고는 씩씩하게 일터로 돌아갔다.

---

* 레코비츠의 노아흐 랍비가 죽고 나서 그의 제자 모셰는 코브린을 중심으로 하시딤 왕조를 창시한다.

나

어떤 사람이 위대한 마기드*를 찾아와 그의 제자가 되었다. 몇 년 동안 스승의 지도를 받고 나니 이제 고향으로 돌아갈 때가 되었다는 생각이 들었다. 고향을 향해 한참 길을 가던 그는 카를린**에 있는 랍비 아론에게 들러야겠다고 생각했다. 과거 아론도 같은 스승 밑에서 공부했기 때문에 두 사람은 잘 아는 사이였다. 그가 카를린에 도착했을 때는 이미 한밤중이었다. 친구를 만나고 싶은 마음이 큰 나머지 그는 곧장 친구의 집으로 향했다. 다행히 창문에서 아직 불빛이 흘러나오고 있었다. 그는 창문을 살짝 두드렸다.

"누구시죠?" 너무나 익숙한 목소리였다.

그는 친구가 자신의 목소리를 금방 알아들을 거라고 확신했다.

그래서 자신 있게 대답했다.

"나야!"

그러나 창문은 열리지 않았다. 다시 두드렸지만, 안에서는 아무 소리도 들려오지 않았다. 당황한 그는 목소리를 높였다. "아론, 왜 문을 열어 주지 않는 거야?" 그러자 드디어 들려온 친구의 목소리는 너무나 엄하고 묵직해서, 다른 사람의 목소리가 아닌가 싶을 정도였다.

"감히 누가 자신을 '나'라고 부르는가? 스스로 '나다!'라고 말할 수 있는 분은 오직 하나님 한 분이시네!"

그는 이 말을 듣고 깨달았다. '내 공부는 아직 끝나지 않았구나.' 그는 지체하지 않고 메제리츠로 되돌아갔다.

* 메제리츠의 랍비 도브 베르
** 바알 쉠 토브가 활동한 메즈비즈는 보흐단 흐멜니츠키의 봉기로 큰 타격을 입었다. 그가 죽고 나서 하시디즘 운동은 동유럽 각지로 전파되지만 리투아니아만큼은 예외였다. 리투아니아에서 하시디즘 운동은 랍비 아론에 의한 카를린 왕조가 유일하다.

하나님 두려워하기

주샤*가 하나님께 기도했다. "주님, 저는 당신을 많이 사랑하는데, 충분히 두려워하지는 않습니다! 주님, 저는 당신을 정말 많이 사랑하는데, 충분히 두려워하지는 않습니다! 당신의 두려운 이름을 강렬하게 체험한 천사처럼, 저도 당신을 두려워할 수 있게 해 주십시오."

하나님은 즉시 그 기도를 들어주셨다. 그분의 거룩한 이름이 천사들에게 울려퍼지는 것처럼, 주샤에게도 파고들어 와 뼛속 깊은 곳까지 사무쳤다. 주샤는 강아지처럼 침대 밑으로 기어들어 갔다. 두려움으로 온몸을 덜덜 떨다가, 마침내 울부짖었다. "주님, 다시 이전의 주샤처럼 당신을 사랑하게 해 주십시오." 하나님은 다시 한번 그의 기도를 들어주셨다.

* 주샤(1718-1800)는 아니팔리 하시딤의 지도자다. 형인 엘리멜레흐는 메제리츠의 위대한 마기드 도브 베르의 후계자다. 두 사람 모두 초기 하시디즘을 전파하는 데 큰 역할을 했다.

배고픈 아이*

랍비 멘델의 집에 빵 조각 하나도 남지 않았을 때, 그의 어
린 아들이 울면서 랍비에게 달려왔다. 아이는 배가 고파
서 견딜 수 없다며 울먹였다. 아버지가 말했다. "아니야,
배가 고프긴 하겠지만 아주 심한 건 아닐 게다. 그렇게 심
했다면, 내가 당연히 먹을 것을 구해 줬겠지." 아이는 아무
말도 하지 않고 조용히 물러갔다. 아이가 막 나가고 나서,
랍비는 책상 위에서 작은 동전을 발견했는데 딱 3페니히
동전이었다. 아들에게 먹을 것을 사 줄 수 있는 돈이었다.
랍비는 외쳤다. "내가 너에게 잘못했구나. 너는 정말로 배
가 아주 고팠던 거다."

* 하시디즘은 순수한 믿음을 강조한다. 이 이야기는 사람, 특
  히 약자의 호소를 있는 그대로 믿으라는 가르침을 준다.

주샤의 예배

어느 날 네쉬츠의 랍비* 집에 주샤가 손님으로 왔다. 자정이 지난 한밤중에 손님 방에서 이상한 소리가 났다. 랍비는 가만히 손님 방에 다가가 문에 귀를 기울였다. 그것은 주샤가 방 안을 서성이며 중얼거리는 소리였다. "온 세상의 주님, 저는 당신을 사랑합니다. 하지만 제가 뭘 할 수 있을까요? 아무것도 할 수 있는 게 없습니다." 주샤는 같은 말을 반복하며 계속 서성거렸다. 문득 주샤가 좋은 생각이 떠오른 듯 외쳤다. "옳지, 저는 휘파람을 불 수 있어요. 그렇다면 저는 당신께 휘파람을 불어 드리겠습니다." 주샤는 휘파람을 불기 시작했다. 네쉬츠의 랍비는 깜짝 놀랐다.

> * 네쉬츠의 랍비는 모르데카이(1770-1837)로, 그의 아버지는 체르노빌의 랍비 므나헴 나훔이다. 모두 주샤의 직계 제자들이다.

옹알이

랍비 레비 이츠하크*가 여관에 갔다. 많은 상인들이 여관에서 하룻밤을 머물고 다음 날 시장으로 가곤 했다. 그곳은 바르디체브에서 멀리 떨어진 곳이라서 아무도 짜디크(의인)를 알아보지 못했다. 이른 아침, 숙객들이 기도를 하려고 했다. 그런데 여관에는 테필린**이 한 쌍밖에 없어서, 한 사람이 착용하고 얼른 기도를 드린 다음, 다음 사람에게 넘겨주는 식으로 기도가 이루어졌다. 모든 사람이 기도를 끝마쳤을 때, 랍비는 두 명의 젊은이를 불렀다. 두 사람에게 뭔가 물어보려고 하는 것 같았다. 두 사람이 가까이 다가가자, 랍비는 그들의 얼굴을 진지하게 바라보더니 이렇게 말했다.

"마-마-마, 바-바-바"

두 청년은 황당해하면서 말했다. "지금 뭐라고 하시는 겁니까?"

하지만 들려오는 것은 똑같은 황당한 소리였다. 그래서 두 사람은 그를 바보라고 생각했다.

그러자 랍비는 두 사람을 향해 이렇게 말했다. "자네들은

40

그 언어를 알지 못하면서, 어떻게 그런 언어로 하나님께 기도했나?"

당황한 두 사람은 잠시 침묵했다. 그러다 한 사람이 말했다. "아직 말을 못 하는 아기를 본 적 있으십니까? 그래도 그 아기는 온갖 소리를 낼 줄 압니다. '마-마-마, 바-바-바' 하면 어떤 지혜로운 사람이나 학자도 무슨 뜻인지 알 수 없습니다. 하지만 아기의 엄마는 그 말이 무슨 뜻인지 금방 압니다."

바르디체브의 랍비는 이 대답을 듣고 기뻐서 춤을 추기 시작했다. 그 후로 두려운 날***이 되면, 그는 기도 중에 하나님과 대화하면서 그 청년의 대답을 그대로 말하곤 했다.

---

* 바르디체브의 랍비 레비 이츠하크(1740-1809)는 하나님 앞에서 유대 민족을 변호하는 자로 유명했다. 메제리츠의 위대한 마기드 도브 베르의 제자다.
** 유대인이 기도에 사용하는, 가죽 끈으로 연결된 작은 상자
*** 신년인 로쉬 하샤나에서 대속죄일까지의 열흘 기간으로, 죄 용서를 구하는 연중 마지막 기회로 여겨진다.

걱정

한 제자가 코츠크의 랍비*를 만나서 자기가 지금 겪고 있는 가난과 어려움을 하소연했다. 랍비는 그에게 조언했다. "걱정하지 말게. 온 마음으로 하나님께 기도하게. 그러면 자비로우신 하나님이 그대를 긍휼히 여기실 것이네."

그러자 그 사람이 대답했다. "하지만 저는 어떻게 기도해야 할지 모르겠어요."

코츠크의 랍비는 복받쳐 오르는 연민으로 그 사람을 바라보며 말했다.

"그렇다면 정말 큰 걱정거리로군."

* 현재 이스라엘 내에서 가장 큰 영향력을 가진 하시딤 공동체는 구르(게르) 하시딤이다. 프쉬스하 하시딤의 랍비 야코브 이츠하크와 랍비 심하 부넴에서 코츠크의 랍비 멘델을 거쳐 구르의 랍비 이츠하크 메이르로 이어지는 계보다.

안 좋은 소원

로프쉬츠*의 랍비가 들려준 이야기다.

세바스토폴 포위전** 당시 차르 니콜라이가 말을 타고 요새의 장벽을 따라 이동하고 있었다. 적군의 궁수가 차르를 겨냥하고 활시위를 당겼다. 멀찍이서 이를 눈치챈 러시아 병사가 소리를 질렀다. 차르가 탄 말이 깜짝 놀라서 살짝 방향을 트는 바람에 화살은 빗나갔다.

목숨을 건진 차르는 병사에게 소원을 하나 말하면 들어주겠다고 제안했다. 그러자 병사가 말했다. "우리 부대 지휘관이 아주 난폭한 사람이라 자꾸 우리를 때립니다. 저를 다른 지휘관 밑으로 보내 주십시오!"

차르가 말했다. "멍청한 놈, 네가 지휘관이 되거라!"

우리도 이처럼 사소한 것을 비느라, 우리의 진정한 구원을 위해 간구하는 법을 모른다.

---

* 로프쉬츠 하시딤은 랍비 납달리 쯔비(1760-1827)의 가문이 이끌었다.
** 크림 전쟁 도중인 1854년 10월부터 1855년 9월까지 349일 동안, 오스만 군대와 영국과 프랑스 연합군은 러시아의 요

새를 포위했다. 나이팅게일이 연합군의 병사들을 간호한
것으로 유명하다.

경건한 척하는 사람

어느 도시에 한 사람이 살고 있었는데, 그곳 사람들은 그가 얼마나 믿음이 좋은 사람인지 이야기하면서 그를 '경건한 자'라고도 불렀다.

한번은 그가 큰 병에 걸렸다. 그의 가족들은 도시 사람들 몇몇이 축복기도를 받으러 슈테파네슈티*의 랍비 나훔에게 간다는 걸 알게 되었다. 그래서 짜디크(랍비)를 만나면 병들어 앓고 있는 경건한 자를 위해 기도를 부탁해 달라고 청했다. 사람들은 그러겠노라고 대답했다.

랍비 나훔을 만난 사람들은 수많은 이름이 적혀 있는 쪽지를 건네면서 축복기도를 부탁했다. 경건한 자의 이름을 적은 쪽지도 함께 건네면서 한마디 덧붙였다. "이 사람은 엄격한 삶을 사는 것으로 널리 알려져 있습니다. 그래서 경건한 자라고 불립니다."

랍비가 말했다. "나는 경건한 자가 뭔지 모르겠다. 우리 아버지한테서도 그런 이야기를 들어 본 적이 없다. 말하자면 어떤 옷 같은 것 아닐까? 교만으로 만든 겉감과 원망으로 가득 찬 안감을 우울의 실로 꿰매어 만든 옷 말이다."

* 슈테파네슈티 하시딤은 19세기 루마니아 지역에서 랍비 아브라함과 랍비 나훔에 의해 세워졌다. 루진 하시딤에서 이어진 계보다.

불붙이는 자들

위대한 마기드*는 가장 뛰어난 사람들만 가려내 제자로
삼았다. 그는 제자들에 관해 이런 말을 하곤 했다. 자기 제
자들은 고귀한 밀랍 초라서, 불만 붙이면 순수한 불꽃이
되어 타오를 거라고. 반면 아무리 영특한 학자들이 찾아
와 배우려 해도, 자신의 길은 그들과 안 맞는다면서 돌려
보내곤 했다.

제자로 받아들여지는 영예를 누리지 못한 젊은이들은 근
처에 머물면서 위대한 마기드와 제자들의 시중을 들었다.
그들이 자발적으로 하는 일 중에는 난로에 불을 피우는
일도 있어서, 사람들은 그들을 '불붙이는 자들'이라고 불
렀다.

마기드의 제자 중 하나로 훗날 러시아인들의 스승이 될
슈네어 잘만**이 있었다. 어느 날 밤 잠자리에 들기 전, 그
는 바로 옆방에서 세 청년이 난로에 불을 지피느라 애쓰
는 소리를 들었다. 그 와중에도 그들은 아브라함이 이삭
을 제물로 바친 이야기를 나누고 있었다.

한 친구가 말했다. "아브라함이 한 일 때문에 그렇게 호들

갑을 떨 필요가 있어? 하나님이 아브라함에게 직접 나타나셔서 그렇게 명령하셨다면, 누구라도 그렇게 하지 않았을까? 그런 명령을 받지도 않았는데 그분의 이름을 거룩하게 하려고 자기 생명을 헌신한 많은 사람들을 생각해 봐! 너희는 어떻게 생각해?"

다른 친구가 말했다. "내 생각에도 이스라엘 자손에게 있어서 가장 소중한 것을 바치는 일은 어떤 특별한 공적이라고 말할 수는 없어. 그들은 거룩한 선조의 유산을 내면에 간직하고 있으니까. 하지만 아브라함은 우상숭배자의 아들이었잖아."

다시 첫 번째 청년이 반박했다. "하나님이 직접 그에게 말을 건네셨을 때, 그 순간에 그게 얼마나 중요했을까?"

그러자 두 번째 청년이 말했다. "네가 잊지 말아야 할 것이 있어. 그건 아브라함이 이른 아침에 일어나 조금도 지체하지 않고 여장을 꾸려 아들과 길을 떠났다는 사실이야."

첫 번째 청년은 그 주장도 받아들이지 않았다. "만일 하나님이 지금 내게 말씀하신다면, 나는 아침까지 기다리지도 않을 거야. 한밤중에라도 일어나서 그분의 분부대로 해야지."

그때까지 침묵을 지키고 있던 세 번째 청년이 입을 열었다. "성경에는 이렇게 적혀 있어. '네가 너의 아들, 너의 외아들까지도 나에게 아끼지 아니하니, 네가 하나님 두려워하는 줄을 내가 지금 알았다.' 여기서 '나에게'라는 단어가 굳이 필요할까 묻는 사람들도 있지. 하지만 우리는 바로 이 단어에서 뭔가를 배울 수 있어. 천사가 아브라함의 손을 붙잡았을 때, 아브라함이 느낀 기쁨은 이삭의 목숨이 붙어 있어서가 아니야. 언제나 그의 기쁨은, 바로 그 순간의 기쁨은, 이전보다 더 큰 오직 하나의 기쁨은 하나님의 뜻이 자신을 통해 이루어진 것이었어. 그래서 '지금 알았다'는 말씀이 나오는 거야. 천사가 아브라함의 손을 붙잡은 **지금**!"

첫 번째 청년은 그의 말에 아무런 대답도 하지 못했다. 다른 청년도 더는 말이 없었다. 랍비 슈네어 잘만의 귀에는 장작이 탁탁 소리를 내며 타오르는 소리만 들려왔다.

---

   * 메제리츠의 랍비 도브 베르
 ** 슈네어 잘만(1745-1812)은 리오즈나(현재 벨라루스 비쳅스크 주)에서 태어났고 현재 세계에서 가장 큰 하시딤 왕조 하바드(Chabad)를 창시한 인물이다. 리오즈나는 마르크 샤갈의 고향이기도 하다.

왕의 수치

코브린*의 랍비는 자기를 따르는 하시딤에게 이런 가르침을 주었다.

"너희 가운데 한 사람이 높은 곳에 이르렀는데 갑자기 낭떠러지로 떨어졌다고 하자. 그래도 절망하지 마라! 다시금 하늘나라의 멍에를 메고 새롭게 싸움을 시작하는 거다!"

우리 지역에서 작센 사람들이 러시아 사람들과 전투를 벌일 때,** 러시아 병사 하나가 작센 군인 한 명을 포박했다. 그가 큰 소리로 말했다. "용서해 달라고 빌어라. 그러면 너를 살려 주겠다!"

작센 사람은 그의 얼굴을 똑바로 쳐다보며 대꾸했다.

"용서를 빌라고? 그건 왕의 수치다."

러시아 사람은 소리를 질렀다. "안 그러면 목을 베어 버리겠다!"

칼이 그의 목줄을 끊어 놓을 때도 그는 같은 대답을 반복했다.

"그건 왕의 수치다."

* 코브린 하시딤은 카를린-스톨린 하시딤의 분파에 가깝다. 규모가 작아지면서 카를린-스톨린 하시딤에 거의 통합된 양상이다.

** 1812년 7월 27일 나폴레옹 전쟁의 일환으로 벌어진 코브린 전투를 말한다.

불확실성이 좋은 이유

프레미슐란*의 랍비 메이르가 샤부옷(칠칠절) 명절에 제자
들에게 말했다.

"내가 십대 소년일 때, 스승이신 크레메니츠의 랍비 모르
데카이가 내게 하신 말씀의 의미를 오늘에서야 깨달았구
나. 나는 스승님과 한 썰매를 타고 가는 중이었어. 가다가
급경사가 있는 지점에 도달했지. 나는 겁을 잔뜩 집어먹
고 일어서서 여차하면 뛰어내릴 참이었어. 그때 선생님은
내 손을 잡으며 말씀하셨어. '가만히 앉아 있어라. 아무 일
도 일어나지 않을 거야.'

실제로 우리는 그 위험한 구역을 안전하게 지나갔어. 얼
마 후 썰매는 편평한 길을 편안하게 달렸어. 나쁜 일이 일
어나리라고는 전혀 생각하지 않았지. 그런데 썰매가 뒤집
어지면서 나는 눈 더미에 깊이 처박혔단다. 내가 낑낑대
며 거기서 빠져나오자, 스승님은 미소를 지으며 내게 말
씀하셨어. '이제 알겠느냐?'

오늘 아침, 기도를 막 시작하려는데 그때 스승님이 무엇
을 가르쳐 주려고 하셨는지 깨달아지는구나. 위험을 마주

한 사람은 하나님이 넘어지지 않게 도와주시지. 그러나 길이 평탄해졌으니 이제 안전하다고 생각하는 사람은 금방 넘어진단다."

* 프레미슐란 하시딤은 갈리치아 지역에서 랍비 메이르에 의해 시작됐다. 그는 바알 쉠 토브의 직계 제자는 아니었지만, 프레미슐란 공동체는 단순한 믿음과 기적에 의지해 지금까지 유지되고 있다.

멋진 대답

코브린의 랍비가 즐겨 했던 이야기가 있다.

고윈 장군이 차르 니콜라이 1세*에게 한 대답이다. 고윈 장군은 나이가 아주 많았다. 군대에서 보낸 복무 기간만 50년이었다. 차르 니콜라이가 보는 앞에서 군사훈련이 시작되었는데, 고윈 장군이 훈련 지휘관이었다. 차르 니콜라이는 말을 타고 부대를 둘러보다가 장군에게 말을 건넸다.

"고윈 장군은 여전히 정정하시군. 아직도 피가 끓어오르나 보오."

고윈이 대답했다.

"폐하, 피가 끓는 것이 아니라 헌신이 끓어오릅니다."

* 니콜라이 1세는 1825년 12월 차르가 되었는데 진보적인 사상을 가진 약 3천 명의 장교들이 반란을 꾀했다. 차르는 이 데카브리스트 반란을 잔인하게 진압했고, 이후 러시아는 오직 차르의 명령대로만 움직이는 검열과 무단 통치의 세상이 되었다. 또한 1827년, 유대인 남성이 18세가 되면 25년간 러시아 군대에서 복무해야 한다는 칙령이 발표된다. 군대에서 유대교를 실천하는 데 어려움을 겪은 유대인들

은 빠른 속도로 기독교로 개종하여 러시아인으로 동화되었다. 하시딤이 군 복무를 거부하는 전통은 이때부터 시작되었다.

잠

랍비 슈멜케*는 너무 오랫동안 공부를 쉬는 일이 없도록 앉은 채로 잠자는 습관이 있었다. 두 팔에 얼굴을 묻고 손가락 사이에 타오르는 촛불을 끼워 놓아, 불꽃이 손을 건드리면 잠이 깨도록 해 놓았다.

랍비 엘리멜레흐가 랍비 슈멜케를 찾아와 보니, 그의 거룩함의 능력이 어딘지 막혀 있는 것 같았다. 그래서 조심스럽게 휴식용 침대를 가져왔다. 온 힘을 끌어모아 그를 옮기고, 그가 잠깐이라도 팔다리를 쭉 뻗고 누울 수 있게 해 주었다. 창문을 닫고 커튼을 쳤다.

랍비 슈멜케는 환한 아침이 되어서야 잠에서 깨어났다. 그런데 잠을 많이 잔 것이 전혀 후회되지 않았다. 전에 느껴 보지 못한 찬란한 명료함을 느꼈기 때문이다. 그는 늘 그래 온 것처럼 회당에 나가 사람들 앞에서 기도문을 낭독했다. 사뭇 달라진 목소리에 사람들은 깜짝 놀랐다. 그의 거룩함의 능력이 거기 있는 모든 사람의 마음에 깊은 감동과 자유를 불러일으켰다. 그가 홍해의 노래(시편 136:13)를 낭송하자, 사람들은 좌우에서 솟구쳐 오르는 물에 젖을까 봐 옷자락을 여미기까지 했다.

훗날 랍비 슈멜케가 랍비 엘리멜레흐에게 말했다. "인간이 잠을 통해서도 하나님을 섬길 수 있다는 걸 나는 이제야 깨달았다네."

* 랍비 슈멜케는 니콜스부르크(현재 체코 미쿨로프)에서 모라비아 하시딤을 창시했고, 친구인 랍비 엘리멜레흐는 메제리츠의 마기드를 계승해 하시디즘 운동을 이끌었다.

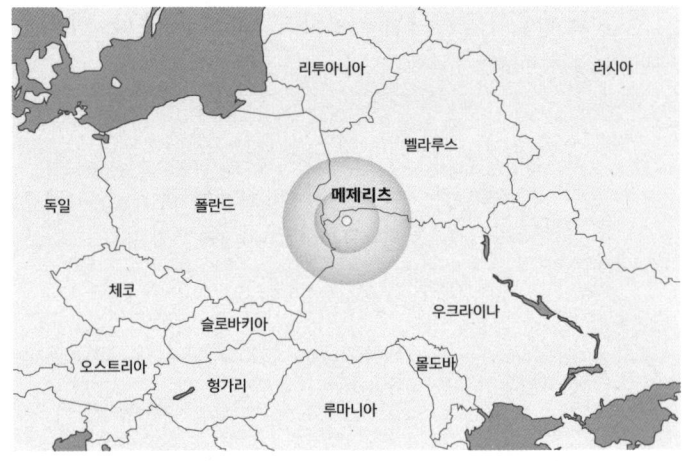

메제리츠의 도브 베르, 위대한 마기드

바알 쉠 토브는 유대교에 막대한 영향을 미쳤지만 아무런 저서도 남기지 않았다. 가장 단순한 유대인의 행위가 가장 위대한 학자의 행위와 동등하다고 보았기 때문이다. 그의 후계자인 메제리츠의 도브 베르(1765-1774)에 이르러 하시디즘은 동유럽의 지역적 한계를 넘어 전 세계로 확장되는 발판을 마련한다. 하시디즘은 삶의 모든 측면에서 하나님과의 만남을 강조하며 데베쿳(דבקות), 즉 하나님께 매달릴 것을 권한다. 이는 위대한 마기드와 수많은 제자들이 탐색해 낸 인간 본성에 관한 놀라운 통찰력의 결과다. 심리학자 칼 융은 자신의 심리학적 발전이 모두 랍비 도브 베르에 의해 선행되었다고 말했다.

인간

열 개의 원칙

위대한 마기드가 제자인 주샤에게 말했다.

"나는 네게 섬김의 원칙 열 가지를 가르칠 수 없다. 그러나 너는 그것을 어린아이와 도둑에게서 배울 수 있다.

— 세 가지는 어린이에게 배워라.

어린이는 별다른 이유가 없어도 명랑하다.

잠시도 가만히 있지 않는다.

꼭 필요한 것이 있으면 온 힘을 다해 그것을 얻어내려고 한다.

— 일곱 가지는 도둑에게서 배워라.

그는 밤에도 일한다.

그날 밤에 하지 못한 일은 다음 날 밤에 꼭 해낸다.

동료를 사랑한다.

사소한 데 목숨을 건다.

열심히 일해서 차지한 물건이라도 쌓아 두지 않고 푼돈에 줘 버린다.

매 맞거나 고생할까 봐 마음이 흔들리거나 물러서거나 않는다.

자신의 손재주를 뿌듯해하며 절대로 다른 일과 바꾸지
않는다."

사소브의 랍비가 도둑에게 배운 것

사소브*의 랍비가 온 나라를 돌아다니면서, 빚 때문에 옥살이하는 사람들의 석방을 위해 모금 운동을 벌였지만 필요한 액수에 못 미쳤다. 일이 그렇게 되자 후회가 몰려왔다. 별 성과도 없는 일을 하느라 가르침과 기도에 전념하지 못하고 시간을 허비했다는 생각이 들었다. 그래서 앞으로는 집에만 있기로 했다.

바로 그날, 한 유대인이 옷을 훔치다가 현장에서 붙잡혀 태형을 선고받고, 실컷 두들겨 맞은 후 유치장에 갔다는 소식이 들려왔다. 그는 재판관을 찾아가서 그 유대인에게 선처를 베풀어 달라고 부탁했고 결국 훈방 조치를 받아 냈다. 랍비는 그 유대인을 데리고 나오면서 이렇게 훈계했다. "매를 맞을 때 얼마나 아팠는지 잘 기억하게. 다시는 똑같은 짓을 하지 말게."

도둑이 말했다. "왜 그래야 합니까? 한 번 실패했지만 다음 번에는 꼭 성공할 수 있어요."

사소브의 랍비는 중얼거렸다. "도둑도 저런 생각을 하는데, 나도 내 할 일을 다시 한번 시도해 봐야겠다."

* 사소브 하시딤은 갈리치아 지역을 배경으로 하는 루진, 사
드고라 하시딤과 연결되어 있다. 랍비 모셰 레입 에어블리
흐가 창시자다.

줄타기 곡예사

크로스노*의 랍비 하임은 바알 쉠 토브의 제자로, 어느 날 제자들과 함께 줄타기 곡예사를 보게 되었다. 랍비 하임은 그 광경에 완전히 빠져들었다. 제자들은 한심한 쇼에서 눈을 떼지 못하는 이유가 뭐냐고 스승에게 물었다. 랍비가 대답했다.

"저 사람은 자기 목숨을 걸지 않았느냐. 그렇게 하는 이유는 나도 알 수 없지. 저 사람도 줄타기를 하는 동안은 그런 생각을 하지 않을 것이다. 이 일로 내가 100굴덴**을 벌 거야, 생각하는 순간 떨어지고 말 테니까."

---

* 크로스노 하시딤은 폴란드 남부 지역을 배경으로 루진, 사드고라 하시딤의 영향을 받았다.
** 금은 기반의 통화로 '길더'라고도 한다. 100굴덴은 오늘날 약 50달러 정도다.

한밤중 파티에서 만난 친구

랍비 모셰 레입*은 청년 시절, 저녁이 되면 슬며시 옷을
갈아입고 몰래 사라져서 또래 친구들과 함께 노래하고 춤
추며 유흥을 즐기곤 했다. 모두가 그를 좋아했다. 그가 한
번 던진 말은 친구들에게 법이나 다름없었다. 그렇다고
그가 친구들에게 무슨 명령을 내린 것은 아니었다.

그가 랍비 슈멜케의 제자가 되려고 니콜스부르크로 떠나
자, 친구들도 자연스럽게 떠들썩한 파티를 그만두었다.
모셰 레입이 빠지니 재미가 없었던 것이다.

그 후 긴 시간이 흘렀다. 그 친구들 중 하나가 먼 외국에서
고향으로 돌아오는 길에 사소브에 잠깐 머물게 되었다.
여관이며 길거리며, 그가 만나는 사람들마다 모두 놀랍고
도 위대한 짜디크 랍비 모셰 레입에 대해 이야기했다. 가
는 데마다 듣게 되는 이름이 한때 흥청망청 함께 놀던 이
의 이름과 똑같아서 신기하다고 여겼지만, 설마 같은 사
람일 거라고는 생각하지 않았다. 하지만 호기심이 발동한
나머지 그 랍비를 직접 찾아가 보기로 했다.

랍비를 보자마자 옛날 그 친구임을 알 수 있었다. 그러자

이런 생각이 들었다. '이것 봐라? 온 세상이 저 친구한테 홀딱 속아 넘어갔잖아!'

그러나 랍비 모셰 레입의 친근하면서도 위엄 가득한 얼굴을 가만히 들여다보면서 신기한 깨달음이 찾아왔다. 그 옛날 함께 놀던 한밤의 파티 때마다, 눈에는 보이지 않았지만 뭔가 특별한 것이 있었음을 알게 된 것이다. 그가 있을 때면 신비로운 법칙이 작동한 듯 파티의 즐거움이 커졌던 것이다.

그는 자신을 따뜻하게 바라보는 짜디크 앞에 엎드려 이렇게 말했다.

"스승님, 감사합니다."

---

* 사소브 하시딤의 지도자 모셰 레입은 니콜스부르크의 랍비 슈멜케의 제자다. 프쉬스하 계열의 하시딤이다.

할 수 있음과 하려고 함

어느 날 시골길을 가던 예후디*는 건초를 실은 수레가 쓰러져 있는 것을 보았다.

수레 주인이 외쳤다. "이리 와서 수레 세우는 것 좀 도와주시오!"

예후디가 다가가서 애를 썼지만 수레는 꿈쩍도 하지 않았다. 결국 두 손 들고 포기했다. "어떻게 할 수가 없네요."

수레 주인은 엄한 눈으로 그를 바라보며 말했다. "할 수 있지. 하지만 하려고 하지 않는 거야."

그날 저녁 예후디는 제자들에게 말했다. "오늘 내게 말씀이 들려왔구나. 우리는 하나님의 이름을 높이는 일을 할 수 있는데, 하려고 하지 않아."

> * 예후디는 문자적으로 '유대인'이란 뜻으로, 프쉬스하의 랍비 야코프 이츠하크의 별명이다. 그만큼 진실되고 경건한 자라는 의미를 담고 있다.

입으로 들어가는 것보다*

어느 날 예후디는 제자인 랍비 부넴에게 난데없이 여행을
다녀오라는 명령을 내렸다. 부넴은 스승의 말에 아무런
대꾸 없이 제자 몇 명만 데리고 길을 떠났다. 하염없이 길
을 가다가 한 마을에 이르렀다. 정오쯤 되어 그 마을의 주
점에 들어갔다. 주점 주인은 경건한 손님들이 온 것을 기
뻐하며 식사를 대접하겠다고 했다. 랍비 부넴은 주점의
방에 앉아 있었고 제자들은 왔다갔다 하면서, 그들의 식
탁에 올라올 고기가 어떤 고기인지를 유심히 살폈다. 고
기에 흠이 없는지, 도축업자가 누구인지, 소금은 제대로
뿌렸는지 꼼꼼히 따져 보고 있었다.

그때 난로 뒤에서 누더기 옷을 입고 지팡이를 짚은 채 앉
아 있던 사람이 벌떡 일어서더니 그들에게 말했다. "오, 하
시딤이여! 너희는 너희의 입에 집어넣는 것이 정결한지
아닌지를 따지느라 이렇게 법석을 떠는구나. 하지만 너희
의 입에서 나오는 것의 순결함에 대해서는 전혀 신경쓰지
않는다."

랍비 부넴은 그 말에 반박하려고 했지만 그 사람은 엘리

68

야가 그랬던 것처럼 이미 사라지고 없었다. 랍비 부녜은
스승이 왜 자신을 떠나보냈는지 이해하게 되었다.

> * 유대교의 음식 정결법 코셔는 병에 걸렸거나 흠이 있는 짐
> 승의 고기를 먹는 것을 금지한다. 도축업자는 도축 과정의
> 규정을 정확히 알고 지켜야 하기 때문에, 이에 관한 평판이
> 중요하다. 또 코셔 도축에서는 고기에서 피를 완전히 빼는
> 것이 중요하기 때문에 소금을 듬뿍 뿌린다.

짜깁기

루블린*의 랍비에게 제자 하나가 있었는데, 안식일**부터 다음 안식일까지 일주일 금식을 하기로 했다. 금요일 오후가 되자, 무서운 갈증이 찾아왔다. 이러다가 죽겠구나 싶었다. 그때 우물이 눈에 들어왔고 그는 우물로 걸어가 물을 마시려고 했다.

하지만 즉시 마음을 고쳐먹었다. '잠깐만 참으면 되는데, 그걸 못 참고 일주일 동안 고생한 것을 망쳐 버린단 말인가!' 그는 얼른 우물을 떠났다.

그러자 어려운 시험을 이겨 냈다는 뿌듯함이 몰려왔다. 그는 이를 깨닫고 스스로에게 말했다. '내 마음이 이런 교만에 빠지느니, 차라리 가서 물을 마시자.'

그는 몸을 돌려 다시 우물로 갔다. 물을 긷기 위해 몸을 굽히는데 어느새 갈증이 완전히 사라져 버린 것을 느꼈다.

안식일 아침, 그는 스승의 집으로 갔다. 문가에 서 있던 스승이 그에게 외쳤다. "겨우 짜깁기를 했구나!"***

* 루블린은 중세 이래 유대인 공동체가 번성해 '폴란드의 예루살렘'으로 불린 도시다.

** 유대교 안식일은 금요일 일몰에서 토요일 일몰까지다.

*** 원문은 "Flickarbeit!"인데, 옷의 찢어진 곳을 바느질 등으로 기워 수선하는 일을 가리키며 영어로는 patchwork다. 부버는 《하시디즘의 가르침에 따른 인간의 길》에서 이 이야기를 자세히 다룬다. 랍비는 제자가 높은 경지에 도달하기를 원한다. 자꾸 이쪽저쪽 갈라지는 마음을 겨우 '짜깁기'하는 식으로는 불가능하다. '짜깁기'의 반대말은 '통째'로 된 일, 갈팡질팡하지 않고 한마음으로 하는 일이다. 인간 마음 깊은 곳의 신적인 힘이 작용하면 처음부터 '통째'로 된 일을 할 수 있다.

가장 중요한 것

'코츠크 노인'으로 불리는 랍비 멘델이 코브린의 랍비 모셰가 세상을 떠나자 그의 제자에게 물었다. "네 스승에게 가장 중요한 것은 무엇이었느냐?"

그는 잠시 생각하더니 이렇게 대답했다.

"스승님이 그 순간 하고 있는 일이었습니다."

보물

랍비 부넴은 자신을 처음 찾아온 제자들에게, 크라쿠프에
사는 랍비 예켈의 아들 랍비 에이식의 이야기를 들려주곤
했다.*

힘겨운 고난의 세월이 랍비 에이식의 삶을 온통 뒤흔들었
지만 하나님에 대한 그의 신뢰는 무너지지 않았다. 괴로
운 세월이 지나간 어느 날 그는 신기한 꿈을 꾸었다. 어서
프라하로 가서 왕궁으로 가는 다리 근처에 묻힌 보물을
찾으라는 명령이 들려왔다. 같은 꿈이 세 번이나 반복되
자 랍비 에이식은 프라하를 향해 먼 길을 떠났다.

왕궁과 이어지는 다리에는 경비 초소가 있었고 밤낮으로
경비병들이 지키고 있었다. 랍비 에이식은 다리 근처를
파 볼 엄두조차 내지 못했고, 매일 아침 다리에 와서 저녁
이 될 때까지 다리 주변을 맴돌기만 했다. 그런 모습을 신
기하게 바라보던 경비 대장이 그에게 다가와서 물었다.
"여기서 뭘 찾고 있소, 아니면 누구를 기다리고 있소?"

랍비 에이식은 자기가 꾼 꿈 이야기를 들려주면서 그 꿈
때문에 먼 나라에서 여기까지 왔다고 말했다. 대장은 한

바탕 웃고 나서 이렇게 말했다. "이런 불쌍한 사람을 봤나. 그런 황당한 꿈 때문에 신발이 너덜너덜해지도록 걸어서 여기까지 오다니! 그런 꿈을 믿는 사람이 아직도 있다니! 여보시오, 꿈을 믿었다면 나도 지금 여기 없었을 거요. 벌써 먼 곳에 가 있겠지. 나도 언젠가 꿈을 꿨는데, 글쎄 나보고 폴란드의 크라쿠프까지 가서, 유대인 예켈이라는 사람의 아들 에이식의 집에 들어가, 그 집 난로 아래 묻혀 있는 보물을 파내라는 거요. 예켈의 아들 에이식! 그 동네 사는 유대인의 절반은 에이식이고 나머지 절반은 예켈일 텐데, 온 동네 집을 전부 뒤지란 말이오?" 대장은 다시 껄껄 웃었다.

랍비 에이식은 그에게 인사를 하고 고향으로 돌아왔다. 자기 집에 있는 보물을 파내서 기도의 집을 짓고 "랍비 예켈의 아들 랍비 에이식의 회당"이라는 이름을 붙였다.

랍비 부넴은 덧붙여 말했다. "이 이야기를 잘 새겨들어라. 이야기가 너희에게 주는 메시지를 깨달아라. 너희가 이 세상 어디에서도, 심지어 짜디크의 집에서도 발견할 수 없는 것이 있다. 그러나 그것을 찾을 수 있는 곳이 있다."

* 이디시어 예켈은 야곱, 에이식은 이삭이다.

주샤가 죽을 때

랍비 주샤가 임종을 앞두고 이렇게 말했다.

"다음 세상에서 내가 책임지고 해명해야 할 것은 내가 왜 모세가 아니었는지가 아니다. '나는 왜 주샤가 아니었는가?'를 해명해야 한다."

공짜 선물

부르카*의 랍비 이츠하크가 세상을 떠나자, 그의 제자 하나가 코브린의 랍비 모셰를 찾아갔다.

랍비 모셰가 물었다. "당신은 폴란드에 있는 수많은 짜디킴에게 충분한 가르침을 받을 수 있고, 어쩌면 더 많은 것을 배울 수도 있을 텐데, 어째서 리투아니아에 사는 나를 찾아왔소? 내게서 뭘 배우겠다는 것이오?"

그 제자가 대답했다. "스승님이 자주 말씀하시기를, 코브린의 랍비는 진심으로 진리를 말하는 사람이니 그를 만나는 것은 경건한 의무라 하셨습니다. 그래서 랍비를 찾아뵙고, 어떻게 해야 진리를 얻을 수 있는지 배우기로 결심한 것입니다."

코브린의 랍비가 말했다. "우리 인간은 진리를 얻을 수 있는 존재가 아니오. 진리를 얻기 위해 전심전력하는 인간을 하나님이 가만히 지켜보고 계시다가, 갑자기 그에게 진리의 일부를 선물로 주신다오. 그것도 공짜로! 그래서 '주님은 야곱에게 진리를 주실 것이다'(미 7:20)**라고 한 것이오."

랍비는 손가락으로 담뱃잎을 조금 집어 흩뿌리며 말했다.
"보시오, 이보다 더 적을 거요!"
그리고 다시 한번 담뱃잎 부스러기를 집었다. "진리이기만 하다면, 이보다 훨씬 적을 거요."

* 부르카 하시딤은 랍비 이스라엘 이츠하크 칼리쉬가 이끌었다.
** 우리말 성경은 미가 7:20을 "야곱에게 성실을 베푸시며"로 옮긴다. '성실'에 해당하는 히브리어 '에메트'는 '진리'라는 뜻이다.

참된 지혜

산즈의 랍비*가 어느 날 창가에 앉아 거리를 내다보고 있었다. 한 남자가 그곳을 지나갔다. 랍비가 창문을 막 두드리자 남자는 멈춰 섰다. 랍비는 그에게 안으로 들어오라고 손짓을 했다. 남자가 방으로 들어오자마자, 랍비 하임이 말했다.

"자, 한번 생각해 보게나. 자네가 우연히 어떤 주머니를 발견했는데 그 안에 금화가 가득 들어 있다면, 그것을 주인에게 돌려주겠나?"

남자가 대답했다. "선생님, 주인이 누구인지 알면 즉시 그 물건을 주인에게 넘겨줄 겁니다."

랍비가 말했다. "자네는 바보일세."

랍비는 다시 창가에 앉아 있다가 지나가는 또 한 사람을 불러서 같은 질문을 던졌다. 그 사람이 대답했다. "내 손에 굴러들어 온 돈주머니를 그냥 되돌려주는 건, 바보나 하는 짓이죠. 저는 그런 바보는 아니랍니다."

랍비는 말했다. "자네는 악당일세."

랍비는 또 다른 사람을 불러 집으로 들어오게 했다. 그 사람은 이렇게 대답했다.

"선생님, 제가 어떤 수준에 있는지 모르겠습니다. 나쁜 욕심을 이길 힘이 제게 있을까요? 어쩌면 그 욕심이 저를 눌러 이겨서 돈주머니를 챙길지도 모릅니다. 그러나 어쩌면, 영광 받으실 하나님이 제 곁에 계셔서 욕심을 이길 수 있게 도와주실지 모릅니다. 그러면 그 물건을 원래 주인에게 돌려줄 수 있겠지요."

짜디크가 기뻐 외쳤다. "자네의 말이 정말 훌륭하네! 자네야말로 참으로 지혜로운 사람일세!"

---

* 산즈의 랍비 하임 할베르슈탐은 독자적인 하시딤 사상을 집대성했는데, 그 저서의 이름을 따서 '디브레이 하임'으로 불린다. 노래의 중요성을 강조한 것으로 유명하다.

너는 어디에 있느냐?

러시아인들의 스승, 랍비 슈네어 잘만*은 '미트나그딤'(반대하는 자들)의 지도자가 그를 당국에 고발하는 바람에 상트페테르부르크에 수감되어 심문을 기다리고 있었다. 그곳의 치안대장이 랍비가 있는 감방 안으로 들어왔다.

그때 랍비는 묵상에 잠겨 있어서 치안대장이 들어오는 것도 몰랐다. 사려 깊은 장교는 랍비의 얼굴에서 뿜어져 나오는 위대함과 고요함을 마주하고는 이 수감자가 보통 사람이 아니라는 것을 깨달았다. 그는 랍비와 대화하면서, 자신이 성경을 읽을 때 궁금했던 것을 하나하나 물어보았다. 마지막 질문은 이것이었다. "하나님은 모든 걸 아시는 분 아닙니까. 그런데 아담에게 '네가 어디 있느냐?'라고 물으신 것을 어떻게 이해해야 합니까?"

랍비가 대답했다. "당신은 성경이 영원한 말씀이라는 것과, 모든 시대, 모든 민족, 모든 사람이 그 말씀 안에 있다는 것을 믿습니까?"

그가 말했다. "네, 믿습니다."

짜디크가 말했다. "자, 그렇다면 하나님은 모든 시대, 모든 사람에게 말을 건네고 계신 겁니다. '네가 살고 있는 세상에서 너는 어디에 있느냐? 네게 주어진 시간 중에서 벌써 수많은 나날, 수많은 해가 지나갔는데, 너는 지금 네가 있는 세상에서 어디까지 와 있느냐?' 예를 들어, 하나님은 이렇게 말씀하십니다. '너는 46년을 살았다. 너는 어디에 있느냐?'"

랍비가 자신의 나이를 정확하게 알아맞히자, 치안대장은 벌떡 일어나서 랍비의 어깨에 손을 얹고 "브라보!" 하고 외쳤다. 그러나 그의 심장은 쿵쾅쿵쾅 뛰고 있었다.

* 랍비 슈네어 잘만은 1798년 오스만 제국을 지지한다는 이유로 체포되었다. 당시 오스만 제국이 통치하는 이스라엘 땅에 살고 있는 가난한 유대인들을 위해 모금 활동을 했기 때문이다. 러시아는 크림 전쟁 이후 오스만 제국과 줄곧 원수지간이었다.

나의 사랑하는 아들

바르디체브 사람이 들려준 이야기다.

"언제였던가, 로쉬 하샤나(신년 첫날 혹은 나팔절) 직전에, 한 여인이 내게 와서 울고 또 울었다네. 내가 물었지. '왜 우는가? 도대체 왜 우는가?'

여인이 대답했지. '어떻게 울지 않을 수 있습니까? 머리가 너무 아파요! 머리가 너무 아파요!'

내가 말했지. '울지 말게! 자꾸 우니까 머리가 아픈 게 아닌가.'

여인도 말했어. '어떻게 울지 않을 수 있어요? 어떻게 울지 않을 수 있겠습니까? 자식이라고는 아들 하나뿐입니다. 거룩한 분이 오시는 두려운 날이 다가오는데, 제 아들이 하나님의 심판을 통과할 수 있을지 모르겠습니다.'

내가 말했지. '울지 말게! 울지 말게! 자네 아들은 하나님의 심판을 반드시 통과할 거야. 자, 보게! 성경에도 이렇게 적혀 있지 않은가. 에브라임은 나의 사랑하는 아들, 기쁨의 자식이 아니냐! 내가 그를 책망하면서도 여전히 그를 기억하노라. 내 마음 깊은 곳이 그를 향해 격동하노니 내가 반드시 그를 긍휼히 여기리라(렘 31:20).'"*

바르디체브 사람은 그때의 일을 신비로운 멜로디로 만들어 전해 주었다. 하시딤은 지금도 그 이야기를 똑같은 멜로디로 노래한다.

---

* 예레미야 31:20은 하벤 야키르 리(הבן יקיר לי)라는 제목의 노래로 전해진다. 현대 이스라엘에서는 전투나 테러로 사망한 군인들의 추모비에 새겨져 있는 구절이다.

카드놀이

한 제자가 랍비 볼프*를 찾아와서, 카드놀이를 하느라 밤을 지새우는 사람들이 있다며 불평을 늘어놓았다.

짜디크가 말했다. "그거 좋은 일이군. 그들도 다른 사람들처럼, 하나님을 섬기고 싶지만 어떻게 해야 하는지 모르는 것뿐일세. 그런데 잠도 자지 않고 깨어 있으면서 한 가지 일에 집중하는 걸 배우고 있지 않나. 그들이 거기서 성취감을 경험한다면, 그때 그들에게 필요한 것은 오직 회개뿐일세. 그러면 얼마나 아름답게 하나님을 섬기겠나?"

* 즈바리즈의 랍비 제브 볼프는 즈루초브의 마기드 예히엘 미할의 셋째 아들이다. 예히엘 미할의 다섯 아들 모두 하시딤 왕조를 건설한다.

질투

어느 날 바르디체브 사람이 길을 가다가, 고위 관리를 보고 그에게 다가갔다. 그는 큰 권력을 쥐고 그만큼 큰 악행을 저지르는 사람이었다.

랍비는 관리의 의복 자락을 잡더니 이렇게 말했다. "나는 당신이 부럽소. 당신이 회개하고 하나님께 돌아오면, 당신의 모든 결함이 빛줄기가 될 테고 그럼 당신은 온통 빛으로 둘러싸이지 않겠소. 당신이 그렇게 크게 빛날 것을 생각하니 너무 부럽소."

하늘의 음성

한 사람이 부르카의 랍비 이츠하크에게 물었다.

"지혜로운 스승들의 가르침 중에 '떠나라는 말만 빼고 집주인이 말하는 것은 뭐든지 하라'*는 말씀이 있는데, 이를 어떻게 이해해야 할까요? 주인이 집을 떠나라고 명령하면, 그 명령도 따라야 하는 게 아닐까요?"

랍비가 대답했다. "이 말씀을 우리 모두의 집주인이신 하나님에 관한 말씀으로 해석하는 이들이 있는데, 그들의 생각이 옳다. 우리는 모든 것에서 그분의 명령에 순종해야 한다. 단 하나의 예외가 있다면, 그것은 그분이 우리에게 그분을 떠나라고 지시하실 때다. 성경에도 이런 말씀이 있다. '내쫓긴 자는 그분에게서 내쫓긴 것이 아니다.'**

악을 많이 행한 사람은 험난한 길을 통과해야 회개에 이르게 될 것이다. 하늘에서 그에게 이런 음성이 들려올 수도 있다. '네 회개는 원치 않는다. 네 회개를 받아들이지 않겠다.' 하지만 그 말에 신경 쓰지 않고 오히려 돌파해 낸다면 이렇게 말할 수 있다. '그럼에도 불구하고!' 그 말과 함께 돌아선다면, 회개한다면 그에게도 구원이 일어날 것이다.

최초의 이단자 엘리샤 벤 아부야***와 관련된 이야기가 전해 내려오지 않느냐. 그는 '아헤르' 즉 '다른 자'로 불리던 사람인데, 하늘에서 이런 음성이 들려왔다고 한다. '배반한 아들들아, 회개하라. 아헤르만 빼고!'**** 그러자 엘리샤 벤 아부야는 유대의 율법과 공동체를 자신과 이어 주던 마지막 끈을 놓아 버리고 완전히 진리에서 돌아서 버렸다. 하늘의 음성이 그의 이름을 언급했다면, 그로써 그에게 뭔가를 요구한 것인데, 그 목소리에 대한 믿음을 그렇게 거절해야만 했을까? 그의 선택이 큰 도움이 되지는 않았을 수도 있다. 하지만 은혜는 결말을 알 수 없는 아슬아슬한 길로 이어진다. 그가 '그럼에도 불구하고!'라고 했다면, 그리고 돌아섰다면, 그의 말과 회개는 받아들여졌을 것이다. 은혜는 그런 길로 나아가는 법이기 때문이다."

* 출처는 탈무드 페사힘 86b이다.
** 성경 본문은 사무엘하 14:14이다.
*** 2세기(미쉬나 시대) 예루살렘 출신의 배교자다.
**** 하늘에서 들려온 음성은 예레미야 3:13에 대한 탈무드 하기가 15이다.

양말 장인

언젠가 바알 쉠 토브가 여행을 하다가 작은 도시에 들른 적이 있다. 그 도시의 이름은 아무도 모른다. 어느 날 아침, 새벽 기도를 시작하기 전이었다. 바알 쉠 토브는 언제나 그랬던 것처럼 파이프 담배를 피우면서 창밖을 내다보았다. 그때 기도 숄을 두르고 손에는 테필린 가죽 띠를 맨 남자가 지나갔다. 그의 발걸음은 당장 천국 문에라도 들어가는 것처럼 장엄했다.

바알 쉠 토브는 자신이 머물고 있는 집 주인인 제자에게, 지금 지나가는 사람이 누구냐고 물었다. 그가 대답했다. "저 사람은 양말 만드는 사람인데, 한여름이나 한겨울이나 일 년 내내 똑같은 모습으로 회당에 나가 기도합니다. 경건한 사람 열 명이 모여야 기도를 시작할 수 있건만, 저 사람은 열 명이 다 모이기도 전에 혼자 기도를 시작합니다."

바알 쉠 토브가 지금 그 사람을 좀 데려오라고 하자, 집주인은 이렇게 대답했다. "그 바보는 차르가 와서 부른다고 해도 회당으로 가는 걸음을 멈추지 않을 겁니다."

바알 쉠 토브는 기도가 끝난 후 그 남자에게 사람을 보내서, 양말 네 켤레를 가져다 달라고 부탁했다.

얼마 후 그는 좋은 양털로 정성껏 만든 양말을 랍비에게 가져왔다.

랍비가 물었다. "한 켤레에 얼마를 받을 건가?"

"1굴덴 반입니다."

"1굴덴이면 충분할 것 같은데, 어떤가?"

"만일 그랬다면 그 값을 불렀겠지요."

바알 쉠 토브는 즉시 그가 원하는 대로 값을 치렀다. 그리고 또 물었다. "자네는 주로 무슨 일을 하는가?"

"물건을 만들어서 파는 일을 합니다."

"어떻게 일을 하는가?"

"일단 일을 시작하면 양말 40-50켤레를 만들 때까지 계속합니다. 그런 다음 큰 통에 양말을 넣고 뜨거운 물을 붓지요. 그러고 나서는 그걸 꽉 눌러서, 제가 원하는 모양이 되게 합니다."

"그걸 어떻게 파는가?"

"저는 집에서 나가지 않습니다. 소매상이 집에 오면 그 사람들에게 양말을 팝니다. 또 그 사람들이 저를 위해 좋은 양털을 사서 가져다주면 저는 그 수고에 상응하는 값을 주지요. 오로지 랍비님을 존경하는 의미에서 이번 한 번만 집에서 나온 것입니다."

"자네는 아침에 일찍 일어날 텐데, 그러면 기도하러 가기 전까지 집에서 뭘 하는가?"

"그때도 양말을 만듭니다."

"그렇다면 시편 읽기는 어떻게 하는가?"

남자가 대답했다. "제가 외우고 있는 시편이 몇 편 있는데, 일할 때는 그 시편들을 암송합니다."

양말 만드는 사람이 집으로 돌아가자 바알 쉠 토브는 주위에 있던 제자들에게 말했다. "지금 너희는 구원자가 오실 때까지 성전을 지탱하는 주춧돌을 보았다."

빛나는 이름

제자들 여러 명이 랍비를 만나러 루블린에 갔다. 그들을 태운 마부가 한 가지 부탁을 했다. 랍비에게 쪽지를 건넬 때 자신의 이름이 적힌 쪽지도 전해 달라는 것이었다. 그들은 부탁대로 해 주었다.

루블린의 랍비가 그 쪽지를 보더니 큰 소리로 외쳤다. "이 사람의 이름이 찬란한 빛을 내고 있구나!"

그 말을 들은 제자들은 깜짝 놀랐다. 마부는 그냥 무식하고 단순한 사람처럼 보였기 때문이다. 오랫동안 그 마부를 알고 지냈지만, 그에게서 특별한 미덕을 보지는 못했던 것이다. 랍비는 계속해서 말했다. "지금 이 순간, 그의 영혼이 마치 순수한 빛처럼 나를 비추고 있다."

제자들은 랍비의 집을 나와 곧장 마부를 찾아갔다. 웬일인지 여관에는 그의 모습이 보이지 않았다. 그들은 여기저기 헤맨 끝에 그를 발견했다. 저 맞은편에서 축제 행렬이 그들을 향해 다가오고 있었다. 선두에는 심벌즈와 북을 치는 사람들이 있고 그 뒤로 사람들이 손뼉을 치고 껑충껑충 춤을 추며 따라가는 중인데, 그 행렬의 한가운데

서 누구보다 크게 기뻐하며 환호하는 자가 있었으니, 바로 그들이 찾던 마부였다.

마부는 제자들에게 이런 이야기를 들려주었다. "여러분이 랍비님께 갔을 때 나도 뭔가 재밌는 일을 찾아보고 싶었답니다. 동네를 어슬렁거리는데 어떤 집에서 흥겨운 음악이 들려오지 뭡니까. 들어가 봤더니 결혼 잔치가 한창이었지요. 알고 보니 신랑과 신부 모두 고아였는데 둘이 결혼하게 됐다는 겁니다. 거기서 저도 기쁘게 먹고 마시고 노래했지요. 얼마 후 갑자기 다투는 소리가 들리고 사람들은 웅성거리고 분위기는 엉망이 됐습니다. 자초지종을 들어보니, 결혼식의 관례대로 신부가 신랑에게 탈리트(유대인의 기도 숄)를 선물해야 하는데, 신부가 돈이 없어서 그러지 못한 겁니다. 결혼이 깨질 판이었죠. 그때 제 마음이 뜨거워졌답니다. 신부가 수치를 당하는 모습을 그냥 보고 있을 수는 없었죠. 제 주머니에서 지갑을 꺼내 그 안에 있는 돈을 다 내놨는데, 세상에! 더도 덜도 아니고 딱 탈리트 하나 값이었습니다. 그래서 제 마음이 이렇게 흥겨운 것이랍니다."

무식한 자의 세데르

어느 해인가 랍비 레비 이츠하크가 작심하고 온 정성을 기울여 유월절 세데르를 준비했다. 짜디크의 세데르 식탁에서 모든 말씀과 관습이 신비한 의미를 머금고 하나하나 거룩한 빛을 내뿜는 것 같았다. 세데르 만찬이 끝나고 새벽 여명이 밝아 올 때 자기 방에 앉은 랍비 레비 이츠하크는 기쁘고 자랑스러웠다. 지난밤의 모든 예식이 성공적으로 거행됐던 것이 내심 뿌듯했다. 그때 그에게 한 말씀이 들려왔다. "네가 무엇 때문에 스스로 자랑하느냐? 나는 네 세데르보다 물지게꾼 하임의 세데르가 더 마음에 들었다." 랍비는 자신의 집에 머물고 있는 사람들을 모두 불러 모아 놓고, 자기가 들은 이름을 아는 이가 있는지 물었다. 모두 고개를 흔들었다. 랍비는 제자들에게 그 사람을 찾아보라고 지시했다.

제자들은 한참 동안 돌아다니다가 도시 변두리의 빈민촌까지 찾아갔다. 거기서 누군가가 물지게꾼 하임의 집을 알려 주었다. 제자들은 그 집의 문을 두드렸다.

한 여인이 나오더니 무슨 일이냐고 물었다. 제자들의 말을 들은 여인은 이상하다는 표정을 지었다. "물지게꾼 하임이 제 남편이긴 한데, 남편은 지금 선생님들과 함께 갈 수 없어요. 어제 포도주를 너무 많이 마셔서 완전히 곯아 떨어져 있거든요. 여러분이 가서 깨운다고 해도 몸을 일으키지 못할 거예요."

그러나 제자들은 랍비께서 명령하신 일이라 어쩔 수 없다며 곧장 안으로 들어가 그 사람을 흔들어 깨웠다. 하임은 눈을 깜박깜박하면서도 도무지 무슨 일인지 모르겠다는 표정으로 다시 누우려 했다. 제자들이 달려들어 하임을 일으켜 세우고 거의 떠메다시피 해서 짜디크에게 데려갔다.

랍비는 하임을 바로 옆자리에 앉혔다. 영문도 모르고 말없이 앉아 있던 하임에게 랍비가 몸을 굽혀 인사하고 물었다. "존경하는 랍비 하임이여, 누룩이 들어간 음식을 모으실 때 무슨 신비한 방법으로 하셨습니까?"

물지게꾼 하임은 멍한 눈으로 랍비를 바라보더니 고개를 흔들었다. "저는 그냥 집 안 구석구석을 다니면서 누룩을 찾았습니다."

랍비는 놀라며 다시 물었다. "랍비 하임께서는 누룩이 들어간 음식을 태우실 때 어떤 특별한 예식을 행하셨습니까?"

물지게꾼 하임은 골똘히 생각하더니 쭈뼛거리며 말했다. "그러고 보니 누룩을 태우는 걸 깜빡했습니다. 생각해 보니까 그게 아직 들보 위에 있는 것 같습니다."

랍비 레비 이츠하크는 이 말을 듣고 더욱 당황했지만 계속해서 물었다. "자, 그렇다면 랍비 하임이여, 당신은 세데르를 어떻게 지키셨습니까?"

그때 하임의 눈과 몸에서 뭔가가 깨어난 것 같았다. 그는 겸손한 목소리로 대답했다. "랍비님, 제가 진실을 말씀드리겠습니다. 오래전부터 듣기로는, 유월절 여드레 동안 독주를 마시는 일은 금지되어 있습니다. 그렇지요? 그래서 저는 여드레 동안 마실 만큼의 술을 어제 아침에 다 마셔 버렸습니다. 그러고는 녹초가 돼서 잠이 들었죠. 저녁에 아내가 저를 깨웠습니다. 왜 다른 유대인들처럼 세데르 만찬을 지키지 않냐고 나무랐지요. 제가 말했습니다. '나 같은 사람에게 뭘 기대하는 거야? 나는 무식한 놈이고 우리 아버지도 무식한 사람이었어. 나는 세데르 만찬 때 뭘 해야 하는지도 몰라. 하지만 여보, 나도 아는 게 있어. 우리 선조들이 이집트에 포로로 잡혀 있을 때 하나님이 그들을 해방하시고 자유를 주셨지. 자, 지금 우리는 또다시 포로가 됐어. 하지만 난 확실히 알고 있어. 하나님이 우

리도 인도하시고 자유를 주실 거야.'

그러자 제 눈에 웬 식탁이 차려져 있는 게 보였습니다. 식탁보가 태양처럼 환하게 빛났어요. 접시에는 마짜(누룩을 넣지 않은 빵)와 계란, 그 밖의 다른 음식들이 담겨 있었고 그 옆에는 붉은 포도주 병이 놓여 있었습니다. 저는 그 마짜와 계란을 먹고 포도주를 마시고, 아내도 함께 먹고 마셨습니다. 그랬더니 기쁨이 몰려오더군요. 저는 하나님을 향해 잔을 들고 외쳤습니다. '보세요, 하나님. 당신을 위해 축배를 듭니다! 우리를 굽어보소서. 우리에게 자유를 주소서!' 그렇게 우리는 축배를 들며 하나님 앞에서 기뻐했답니다. 그러고 나니 피곤하더라구요. 그래서 그냥 누워서 곧바로 잠들었습니다."

일곱 목자의 만찬

성실하긴 하지만 배운 것이 없는 남자가 가끔 랍비 레비 이츠하크의 식탁에 들렀다. 랍비의 제자들은 그를 탐탁지 않게 여기고 불편한 눈으로 바라보았다. 랍비의 입에서 나오는 가르침을 전혀 이해할 수 없는 사람으로 보였기 때문이다. 고귀한 기름을 바르는 사람들 틈에서 역청 만드는 사람이 끼어들어 무엇을 하겠다는 것인가? 하지만 이 선량하고 단순한 사람은 제자들의 태도를 눈치채지도 못했고, 그래서 그것 때문에 마음 상하는 일도 없었다.

결국 제자들은 짜디크의 아내에게 그 멍청이를 쫓아내 달라고 부탁했다. 랍비의 아내는 먼저 남편의 허락을 받은 다음에 일을 마무리할 셈이었다. 그래서 남편에게 제자들의 우려와 부탁을 전했다.

랍비가 대답했다. "언젠가 다음 세상에서 거룩한 만찬이 열리고 아담과 셋과 므두셀라는 오른편, 아브라함과 야곱과 모세는 왼편, 한가운데 다윗이 앉을 때, 가련하고 무지한 바르디체브의 랍비 이츠하크도 거기 끼게 된다면, 나는 그분들이 이 모자란 제자도 기꺼이 맞아 주시리라 믿네."

공

한 마기드(설교자)가 두 동생 슈멜케와 핀하스를 가르치게
되었다. 그는 본격적인 가르침에 앞서 두 사람이 아침 기
상부터 취침 때까지 어떻게 하루를 보내야 하는지 말해
주었다. 그들이 지금까지 지키던 관행을 하나하나 열거하
면서 어떤 것은 그대로 하고 어떤 것은 극복해야 한다고
짚어주는데, 그들이 살아온 삶의 전 과정을 모두 알고 있
는 듯했다.

그는 마지막으로 이렇게 말했다. "일과를 마치고 잠자리
에 들기 전, 하루를 돌아보는 시간을 가질 것이다. 오늘은
단 한 순간도 과오를 범하지 않았구나 생각하게 되면, 가
슴이 부풀어 오를 거다. 그러면 하늘에 계신 분이 그 모든
선행을 뭉쳐서 공을 만드시고 그것을 저 낭떠러지 아래로
던져 버리실 것이다."

비방하는 자에게

한 사람이 온갖 비방으로 부르카의 랍비 이츠하크와 그의 제자들을 이간질했다. 곧 소동이 일어났고 짜디크도 그 사실을 알게 되었다. 랍비는 비방한 사람을 불러오게 했고, 그가 오자 혼자 그를 맞이했다.

랍비가 말했다. "당신은 바보로군요. 어째서 진실이 아닌 것을 말해서 거짓말한 벌을 받으려고 합니까? 내가 당신에게 나의 모든 사악함을 알려 주겠소. 그것을 잘 듣고 나가서 세상 사람들에게 말하시오. 그러면 아무도 당신에게 이의를 제기하지 못할 거요."

회초리

모셰 레입의 아버지는 하시디즘을 격렬히 반대하는 사람이었다. 모셰 레입이 아버지인 자신에게 알리지도 않고 집을 떠나 랍비 슈멜케의 학교가 있는 미쿨로프(니콜스부르크)로 갔다는 말을 듣고 불같이 화를 냈다. 그는 나무를 깎아 회초리를 만들어서 집 안에 두고 아들이 돌아오기를 기다렸다. 나무들 틈에서 회초리로 쓰기 적당한 가지를 볼 때마다 새로운 회초리를 만들었다. 더 좋은 회초리를 마련하면 전에 만들어 놓은 것은 다 버렸다.

많은 시간이 흘렀고 회초리는 숱하게 교체됐다. 어느 날 하인이 집안을 대대적으로 청소하고 정돈하다가 회초리를 다락방에 갖다 놓았다. 하필 그때 모셰 레입이 돌아왔다. 스승에게 짧은 휴가를 받아서 집에 오게 된 것이었다. 아버지는 그를 보고 일어서서 화를 내며 주변을 두리번거렸다. 그 모습을 본 모셰 레입은 곧장 다락방으로 올라가 회초리를 가져다가 늙으신 아버지 앞에 놓았다. 엄하기 그지없지만 사랑으로 가득한 아버지의 얼굴을 보았기 때문이다.

루블린의 랍비와 '강철 머리'

루블린 회당의 라브(율법 교사) 아스리엘 후르비츠는 '강철 머리'라는 별명이 있었다. 그는 랍비 야코프 이츠하크가 하는 말이라면 사사건건 반대하며, 온갖 비난으로 그를 괴롭혔다.

한번은 랍비 야코프 이츠하크에게 이런 말까지 했다. "당신은 자신이 짜디크가 아니라는 사실을 알고 있고 직접 그렇게 말합니다. 그런데 어째서 사람들에게 당신의 길을 따르라고 가르치면서 별도의 공동체를 만드는 것이오?"

랍비 야코프 이츠하크가 대답했다. "저도 어떻게 해야 할지 모르겠습니다. 사람들이 제게 몰려와서 제 말을 들으면서 기뻐하고, 더 말해 달라고 간청하니까요."

"그렇다면 다음 안식일에 사람을 모아 놓고 당신이 고귀한 자가 아니라는 사실을 밝히면 되겠소. 그러면 사람들이 돌아설 것 아니오."

랍비 야코프 이츠하크는 얼마든지 그럴 각오가 되어 있었다. 안식일이 되자 회중 앞에서 자신은 결코 존경받을 만한 사람이 아니니 앞으로는 제발 나 같은 사람을 존경하지 말아 달라고 간청했다. 그러자 모두의 마음에서 겸손의 불이 타올랐고 그때부터 더욱 간절히 랍비에게 매달렸다.

랍비는 다시 '강철 머리'를 만나서 무슨 일이 있었는지 자세히 들려주었다.

'강철 머리'는 곰곰이 생각하더니 이렇게 말했다. "겸손한 자를 사랑하고 교만한 자를 피하는 게 당신네 하시딤의 특징인가 보오. 그렇다면 그들에게 당신이 선택된 사람이라고 말하시오. 그러면 그들이 당신에게서 돌아서겠소."

랍비 야코프 이츠하크가 대답했다. "내가 짜디크가 아닌 건 사실이지만, 그렇다고 거짓말쟁이는 아니오. 어찌 진실과 반대되는 것을 말하겠소?"

시간이 지나 아스리엘 후르비츠가 다시 이츠하크에게 질문했다. "나의 가르침은 당신의 가르침보다 훨씬 위대한데, 사람들은 왜 내가 아니라 당신에게 몰려가는 것이오?"

의로운 랍비가 대답했다. "당신의 높은 학문은 산을 옮길 만큼 대단한데, 사람들이 당신에게 배우지 않고 나같이 부족한 사람에게 몰려와서 하나님 말씀을 들으려고 하니, 나로서도 놀라울 따름입니다. 어쩌면 이런 것이겠지요. 저는 사람들이 오는 것을 놀라워하니까 사람들이 제게 오

지만, 당신은 사람들이 오지 않는 것을 놀라워하니까 사
람들이 가지 않는 것 같습니다."

교만한 자와 겸손한 자

어느 날 압테의 랍비가 한 마을에 도착했다.

마을 사람 두 명이 랍비를 자기 집으로 모셔 대접하려고
했다. 두 사람 모두 경건하고 건실한 집안을 이루어 살고
있었고, 두 집 모두 부족함 없이 잘 갖춰진 널찍한 집이었
다. 다만 한 사람은 부적절한 애정 관계로 죄를 짓고 있다
는 소문이 돌고 있었다. 당사자도 자신의 약점을 잘 알았
고 자신이 결코 내세울 만한 인물이 아니라는 것을 알고
있었다. 다른 한 사람은 회당의 어느 누구도 흠을 잡을 수
없었다. 그는 자신이 흠잡을 데 없는 사람임을 스스로 의
식하면서 당당하고 씩씩하게 돌아다녔다.

랍비는 나쁜 소문이 도는 집을 선택했다. 이유를 묻는 사
람들에게 랍비는 대답했다.

"하나님은 교만한 자를 가리켜 '나와 그 사람은 이 세상에
함께 머물 수 없다'* 말씀하시지 않았소? 거룩하신 분도
그의 곁에 머물지 않는데 내가 어떻게 그 곁에 있겠소? 또
한 토라에는 '그가 부정한 사람들 가운데 머무시니…'**
라는 구절이 있잖소? 하나님이 그런 곳에 머무신다는데,

나라고 마다할 이유가 있겠소?"

 * 랍비의 발언은 탈무드 소타(Sota) 5a이다.
** 토라 본문은 레위기 16:16로 하나님의 성막이 부정한 이스
   라엘 진영에 머물고 있음을 가리킨다.

약

많이 배우기는 했지만 마음이 넓지 못한 사람이 있었다. 그가 스트라틴*의 랍비 아브라함에게 말을 걸었다.

"듣자 하니, 당신은 사람들에게 비밀의 치료약을 주는데 그 약이 효과가 좋다고 하더군요. 내게도 하나님 경외의 약을 하나 주시오."

랍비 아브라함이 대답했다. "하나님 경외의 약은 내게 없소. 하지만 하나님 사랑의 약은 있으니, 원하신다면 하나 드리겠소."

그가 외쳤다. "그럼 더 좋지요. 어서 내놓으시오."

랍비가 대답했다. "그 약은 사람을 사랑하는 것이오."

* 스트라틴 하시딤은 갈리치아 지역에서 큰 영향을 미쳤지만 결국 분파 갈등으로 소수로 전락했다. 길고 시끄럽고 열렬한 기도로 유명하다.

섬김

랍비 야코프 이츠하크는 가난한 여행자를 만나면 집으로 들여 직접 음식을 대접하며 돌보곤 했다. 한번은 그의 손님이 된 여행자에게 음식을 가져다주고 음료수도 따라 준 다음, 필요한 것이 있으면 즉시 챙기려고 손님의 의자 옆에 서 있었다. 손님의 식사가 끝나자마자 랍비는 빈 그릇과 접시를 들고 부엌으로 가져갔다.

그때 손님이 물었다. "잘 이해되지 않는 것이 있으니 가르쳐 주시기 바랍니다. 랍비께서는 저를 섬기시면서, 거지를 하나님의 천사처럼 선대하라는 말씀을 실천하셨습니다. 그것은 저도 잘 알고 있습니다. 하지만 랍비께서 빈 그릇을 밖으로 나르기까지 하신 이유는 뭡니까? 말씀해 주십시오."

랍비가 대답했다. "대속죄일(욤 키푸르)에는 지성소에서 화로와 부삽을 들고 나오는 것도 대제사장이 하는 일이라네."

뭐 어때?

네쉬츠의 랍비 모르데카이는 소명을 받기 전에 소규모 무역업을 했다. 그는 멀리서 장사를 하고 돌아올 때마다 약간의 돈을 따로 모아 놓았다. 초막절에 쓸 에트로그 열매* 를 사기 위해서였다. 몇 루블의 돈이 모이자 근처의 마을로 갔다. 가는 내내 이 생각만 했다. '시장에 내놓은 과일 중에서 제일 예쁜 에트로그를 사야지!'

한참을 가는데 물장수를 만났다. 말이 길에서 쓰러져 슬퍼하고 있었다. 모르데카이는 결국 자기가 가진 돈을 모두 물장수에게 주면서 다른 말을 사라고 했다.

빈손으로 집에 돌아오던 그는 껄껄 웃으며 말했다. "뭐 어때? 다른 사람들은 에트로그를 가지고 축복하겠지만, 나는 말에게 축복할 수 있잖아."

집으로 돌아오니, 친구들이 모르데카이를 위해 탐스러운 에트로그 하나를 사다 놓은 것이 아닌가!

---

* 유자와 크기가 비슷한 노란 감귤. 우리말 성경은 '아름다운 실과'라고 번역한다.

물에 비친 그림자

한 주점 주인이 프리미슐란의 랍비 메이르에게 와서 다른 주점의 주인을 욕하기 시작했다. 그 사람이 근처에 와서 영업을 시작하는 바람에 매출이 확 줄었다는 것이다.

랍비가 말했다. "자네는 말이 물가에서 물 마시는 모습을 본 적이 있는가? 녀석은 옆에 아무도 없는데 자꾸 뒷발을 차면서 뭔가를 쫓아내려고 한다네. 물에 비친 자기 그림자를 보고는 다른 말이 와서 자기 물을 뺏어 먹고 결국 자기를 발로 차서 쫓아 버릴 거라고 생각해서 그렇다네. 자네도 마찬가지일세. 자네는 자신을 두려워하는 거야. 자기 모습을 보면서 경계하는 거지. 그 이웃은 자네와 똑같이 하나님께서 이 세상에 보내신 사람이야. 그 사람도 이 세상에서 일을 하고 이 세상을 누려야 하지 않겠나."

어떻게 사랑해야 하는가

랍비 모셰 레입이 이야기를 들려주었다.

"나는 인간을 어떻게 사랑해야 하는지를 어느 농부에게 배웠다네. 그는 다른 농부들과 함께 술집에 앉아 술을 마시고 있었지. 모두 한마디도 하지 않고 조용히 있었는데, 포도주에 마음이 움직였는지, 그가 옆 사람에게 말을 건넸지. '자네 말이야, 나를 사랑하는가? 사랑하지 않는가?' 그 사람이 대답하더군. '많이 사랑하지!' 그러자 그가 말했어. '자네는 나를 사랑한다고 말은 하지만, 지금 나한테 뭐가 필요한지 전혀 모르지 않나? 자네가 나를 진짜 사랑한다면, 그걸 알아야 해.' 친구는 아무 말도 할 수 없었지. 말을 꺼낸 농부도 다시 입을 다물었다네. 하지만 나는 깨달았지. 사람을 사랑한다는 것은 그 사람에게 어떤 어려움이 있는지 알아차리고 그 고통을 나누는 것이라네."

황새, '하시다'

한 사람이 예후디에게 물었다. "탈무드를 보면, 황새는 제 식구를 사랑하는 짐승이라서 히브리어로 '하시다' 즉 '경건한 이'라는 이름을 갖게 되었다고 하더군요. 그런 황새가 토라에서는 왜 부정한 새로 분류될까요?"

예후디가 대답했다. "그건 황새가 제 식구만 사랑하기 때문이지."

하녀

랍비 볼프의 아내가 하녀와 크게 싸웠다. 아내는 하녀가 물건을 깨뜨렸다며 손해 배상을 요구했지만, 하녀는 자기가 한 일이 아니라며 잘못을 인정하지 않았다. 싸움은 점점 격해졌다. 결국 랍비의 아내는 공식적인 재판을 받아야겠다고 결심했다. 그래서 도시의 영적 지도자를 찾아가려고 옷을 갈아입고 나섰다.

랍비 볼프가 이를 보더니 자신도 안식일 의복을 챙겨 입는 것이 아닌가. 아내가 왜 그러느냐고 묻자 랍비는 자신도 같이 가려 한다고 대답했다. 아내는 당신이 나설 일이 아니며, 자신도 재판에서 무슨 말을 해야 할지 잘 알고 있다고 말했다.

의로운 랍비가 말했다. "당신은 잘 알겠지요. 하지만 당신의 하녀인 불쌍한 고아는 어떻게 해야 할지 모를 거요. 나는 하녀를 변호해 주러 가는 거요. 내가 아니면 누가 하녀의 편을 들어 주겠소?"

한밤의 애가

랍비 모셰 레입은 체격이 크고 튼튼한 사람이었지만 오랫동안 중병을 앓으면서 체력이 고갈되었다. 하루 종일 통증에 시달리다가 밤이면 기진맥진한 상태가 되었다. 그런데도 매일 밤 자정이 되면, 어김없이 자리에서 일어나 건강하고 밝은 모습으로 방에서 나와 예루살렘을 위한 슬픔의 노래(애가)를 암송했다. 제자들은 "내 사랑하는 이의 목소리가 문을 두드린다"(아가 5:2)는 아가서의 말씀이 랍비 모셰 레입을 통해 드러났다고 말했다. 거룩한 슬픔의 목소리가 실제로 그의 영혼의 문을 두드리고 완전히 그를 사로잡았기 때문이다.

하루는 지디초브의 젊은 랍비 히르쉬*가 랍비 모셰 레입의 집에 머물게 되었다. 랍비 히르쉬도 자정의 애가에 대한 이야기를 들어서 알고 있던 터라, 랍비 모셰가 어떻게 그 시간을 보내는지 몰래 엿보기로 했다. 자정이 되자, 랍비 모셰는 농부의 옷으로 갈아입고 눈 덮인 마당으로 나가더니 창고로 가서 나무를 한가득 안고 나왔다. 그는 그 나무를 잘 묶어서 등에 지고 밖으로 나갔다. 랍비 히르쉬는 조심스럽게 그의 뒤를 밟았다. 한밤의 추위는 살을 에는 듯했다. 랍비 모셰는 한참을 걸어서 그 마을의 가장 외진 곳까지 가는 것이었다. 어느 초라한 오두막 앞에 멈춰선 모셰는 나무 묶음을 내려놓았다. 히르쉬는 슬며시 오두막 뒤쪽으로 가서 창문으로 안을 들여다보았다. 난로는 불이 꺼진 지 오래된 것 같았고 침대에는 한 여인이 누워 있는데, 갓난아기를 품에 안고 젖을 물리는 모습이 애처롭기 그지없었다.

어느새 랍비 모셰가 방 안에 들어가 여인에게 다가서더니 루테니아** 언어로 말했다. "땔감 나무 파는 사람이오. 싼값에 나무 한 묶음 사시지요." 여인이 대답했다. "우리 집에는 동전 한 푼도 없어요." 랍비 모셰는 물러서지 않았다. "돈은 다음에 와서 받아 갈 테니 한 묶음만 팔아 주시오." 여인은 고개를 저으며 말했다. "나무가 있어도 아무 소용없어요. 땔감으로 쓰려면 도끼질로 토막을 내야 하는데, 우리 집에는 도끼도 없답니다." 기다렸다는 듯 그가 말했다. "그런 거라면 나한테 맡겨 주시오."

밖으로 나온 랍비 모셰는 도끼를 꺼내어 나무를 잘게 쪼개면서 애가의 한 소절을 암송했다. 이스라엘 조상의 어머니 라헬의 노래로 알려진 부분이었다. "깨어나라! 포로

된 딸 시온아, 먼지 더미에서 일어나라!"(사 52:2) 그 말씀이 히르쉬의 가슴을 파고들었다.

랍비 모셰는 잘게 토막 난 나무를 집어 들었다. 그 큰 몸을 잔뜩 구부려서 작고 낮은 문으로 다시 들어갔다. 방 안에 들어선 그는 난로에 불을 지피기 시작했다. 땔감을 난로에 하나씩 집어넣으면서 낮은 목소리로 애가의 또 다른 한 소절을 암송했다. 이번에는 이스라엘 조상의 어머니 레아의 노래로 알려진 부분이었다. "주님, 일어나셔서 시온을 긍휼히 여겨 주십시오. 예루살렘 성벽을 견고하게 세워 주십시오"(시 102:13; 51:19).

모든 일을 마친 후, 랍비 모셰는 오두막에서 나와 서둘러 집으로 향했다.

---

* 지디초브(현재 우크라이나의 즈다치우)의 랍비 히르쉬는 쯔비 히르쉬로 통한다. 쯔비(가젤)의 이디시어가 히르쉬다.
** 루테니아는 동유럽 슬라브 민족의 영토를 부르는 서유럽 사람들의 용어다.

마부

어느 추운 겨울날, 랍비 볼프가 브리트 밀라(할례) 행사에 초대받아 가게 되었다. 마차는 한파를 뚫고 잔치 장소에 도착했다. 실내에 들어와 몸을 녹이던 랍비는 잔치가 끝날 때까지 밖에서 대기해야 하는 마부가 몹시 안쓰러웠다.

랍비 볼프는 슬며시 밖으로 나가 마부에게 말했다. "잠깐 들어와서 몸을 좀 녹이게나."

마부가 대답했다. "제 말들을 그냥 놔둘 수는 없잖습니까." 이 말을 하면서도 마부는 두 팔을 문지르고 두 발을 동동 구르며 추위를 쫓았다.

랍비가 말했다. "내가 자네 대신 말을 보고 있을 테니, 자네는 들어가 몸을 좀 녹이고 다시 나와 교대하세." 랍비가 끈질기게 설득하자, 어쩔 줄 몰라 하며 거절하던 마부도 결국 그러기로 하고 건물 안으로 들어갔다.

그날 잔치는 신분에 상관없이, 주인이 아는 사람이든 모르는 사람이든, 누구나 마음껏 먹고 마실 수 있는 자리였다. 술이 열 잔쯤 들어간 마부는 자기가 누구한테 말을 맡겨 놓았는지 까맣게 잊고 말았다. 시간은 흐르고 또 흘렀다. 사람들은 왜 랍비가 안 보이나 의아해했지만, 아마도 중요한 볼일이 있어 그 일이 끝나면 오시려니 생각했다. 시간이 한참 흘러 저녁이 되었다. 손님들 일부가 집으로 가려고 밖에 나왔다가 랍비가 마차 옆에 서 있는 것을 보았다. 랍비는 두 팔을 문지르고 두 발을 동동 구르며 추위를 쫓고 있었다.

사과

가난한 여인이 사과를 가져와 파는데, 마침 그곳이 산즈의 랍비 하임의 집 근처였다. 여인이 랍비를 보자 울면서 말했다. "랍비님, 안식일에 먹을 것을 사야 하는데 돈이 없어요."

의로운 랍비가 물었다. "아니, 사과를 팔고 돈을 받았을 것 아니오?"

여인이 대답했다. "사람들이 와서 제 사과를 보더니, 안 좋은 사과라며 그냥 가 버리네요."

그 말을 듣자마자 랍비 하임은 길거리로 나가 큰 소리로 외쳤다. "여기 정말 좋은 사과가 있소. 얼른 와서 사 가시오!" 순식간에 사람들이 모여들었다. 여기저기서 정신없이 돈이 들어왔고 과일은 두 배, 세 배 가격으로 모조리 팔렸다.

랍비가 여인에게 말했다. "어떻소? 그대의 사과는 좋은 사과요. 사람들이 그걸 몰랐을 뿐이라오." 랍비는 그 말을 남기고 집으로 돌아갔다.

빈민 구제 방법

바르디체브의 레비 이츠하크는 랍비가 되었을 때 그곳 회당의 대표들과 어떤 약속을 했다. 회당에 새로운 관습이나 규칙을 도입할 때가 아니면, 대표자 회의 때 랍비를 부르지 않기로 한 것이다.

어느 날 랍비 이츠하크에게 회의에 참여해 달라는 요청이 왔다. 그는 회당 대표들에게 인사를 마치자마자 물었다. "새로운 관습을 시행하시려는 겁니까?"

그들이 대답했다. "회당 문 앞에서 구걸하는 사람들 때문에 신경이 쓰였는데, 이제부터는 모금함을 설치해 놓고 부자든 보통 사람이든 능력껏 돈을 넣게 하고, 그 돈으로 도움이 필요한 사람들에게 나누어 주려고 합니다."

그 말을 들은 랍비는 이렇게 말했다. "형제들이여! 옛 관습이나 규칙과 관련된 문제로 나를 부르지 말아 달라고 부탁하지 않았습니까? 이런 일 때문에 회의에 오느라 수업에 빠져서야 되겠습니까?"

회당 대표들은 깜짝 놀라서 어쩔 줄 몰라 했다. "아니, 랍비님, 이것은 완전히 새로운 안건이라서 함께 논의하려는 것입니다."

랍비 이츠하크는 큰 소리로 대답했다. "그렇지 않습니다. 그건 새로운 것이 아니라 까마득한 옛날부터 있던 것, 소돔과 고모라의 오랜 관습입니다. 소돔에서 거지에게 빵 한 조각을 건네준 소녀가 어떻게 됐는지 떠올려 보십시오. 소돔 사람들은 소녀를 체포해서 옷을 벗기고 몸에 꿀을 바른 다음, 벌집 옆에 묶어 놓았습니다. 벌들이 달려들어 소녀를 무참하게 쏘았지요. 아이가 엄청난 죄를 저질렀다고 여겼기 때문입니다. 혹시 압니까? 소돔에도 모금함 같은 것이 있었을 겁니다. 부자들이 거기 돈을 넣었겠죠. 그래야 가난한 사람의 눈을 직접 보지 않을 수 있으니까요!"*

* 탈무드에 따르면, 소돔에는 자선을 금지하는 법이 있어서 그것을 어기고 가난한 사람을 도와주면 사형을 받았다. 소녀는 남에게 선을 베푼 대가로 끔찍한 벌을 받아 죽은 것이다.

선행

랍비 부넴이 아직 목재상으로 일하고 있을 때였다. 그는 매년 단치히에 목재 시장이 열릴 때마다 그곳으로 긴 여행을 떠나곤 했다. 여느 때처럼 여행길에 오른 부넴은 어느 작은 마을에 머물며 안식일을 보내게 되었다. 마을에는 아주 경건하고 지혜로운 사람이 있었는데, 경제적으로 비참한 처지라고 했다. 부넴은 그 사람의 집에서 안식일을 보내기로 했다. 그리고 사람들을 시켜 그 집에 많은 물건과 식재료를 들여놓게 했다. 집주인에게도 번듯한 옷을 주고 차려입게 했다. 안식일이 지나고 부넴은 집주인에게 작별 인사를 하면서 거액의 돈을 건넸다. 집주인은 이미 넘치도록 받았으니 그 돈은 받을 수 없다고 손사래를 쳤다.

의로운 사람 부넴은 이렇게 말했다. "당신이 받았다고 하지만, 사실은 내가 받은 것이오. 당신의 어려운 처지가 내 마음을 쳐서 상처가 생겼는데, 그 상처를 치료하려고 내가 내게 준 것이지요. 나는 이제야 비로소 선행의 계명을 지킬 수 있게 됐습니다. 성경에 이르기를 '너는 반드시 그에게 줄 것이요, 줄 때는 아끼는 마음을 품지 말라'(신

15:10) 하셨소. 가난의 현실을 보며 견딜 수 없는 마음이 들면, 그 마음을 누그러뜨리는 데 많은 시간이 필요합니다. 그러다가 마침내 마음의 불쾌함을 극복하면, 그때는 진실로 다른 사람을 도울 수 있게 됩니다."

반지

가난한 사람이 랍비 슈멜케의 집을 지나가고 있었다. 랍비는 그에게 뭐라도 줘서 보내고 싶었다. 마침 집에 돈이 한 푼도 없어서 반지를 주었다. 잠시 후 랍비의 아내가 그 사실을 알게 되었고 남편에게 혹독한 비난을 퍼부었다. 그 반지로 말할 것 같으면, 큼지막한 보석이 박힌 비싼 보물인데, 어떻게 알지도 못하는 거지에게 줄 수 있냐며 소리를 질렀다.

랍비 슈멜케는 얼른 밖으로 나가 그 사람을 불러 세우고는 이렇게 말했다. "여보게, 내가 자네에게 준 반지가 상당히 비싸다는 얘기를 방금 들었다네. 그러니 그 반지를 너무 헐값에 팔지 않도록 조심하게나."

칠면조

산즈의 랍비 하임은 마을에서 가장 가난한 사람들을 선정해서 매달 돈을 나누어 주었다. 가족을 먹여 살릴 수 있을만큼 큰 액수의 돈이었다.

어느 날, 닭이나 칠면조 등을 팔고 다니는 상인이 장날을 맞아 유난히 잘생긴 칠면조 한 마리를 들고 산즈에 나타났다. 그는 제일 먼저 랍비의 집을 찾아가 랍비의 아내에게 칠면조를 보여 주었다. 안식일 식탁에 딱 어울리니 랍비의 집에서 얼른 사라고 권한 것이다. 하지만 칠면조의 가격이 상당했다. 랍비의 아내는 포기할 수밖에 없었고, 상인은 칠면조를 들고 시장으로 갔다.

얼마 후 랍비의 아내는 비싼 칠면조가 어디로 팔려 갔는지 듣고 기가 막혔다. 남편이 매달 생활비를 주는 가난한 사람들 중 한 명이 샀다는 것이다. 아내는 남편에게 불평을 늘어놓았다. "당신이 챙기는 가난한 사람들이 얼마나 대단한지 좀 보세요! 나는 칠면조가 너무 비싸서 사지 못했는데, 그 사람이 그걸 샀다고요!"

의로운 랍비 하임이 대답했다. "그렇다면 그 사람도 안식일을 잘 보내기 위해 훌륭한 칠면조가 필요했던 것이로군. 여태껏 나는 그걸 모르고 있었소. 이제 알았으니, 다음부터는 그 사람의 생활비를 올려 줘야겠소."

선행의 완성

코브린의 랍비 모셰의 부모는 힘든 노동을 해서 근근이 먹고사는 사람들이었다. 모셰가 어렸을 때 리투아니아에 큰 기근이 들었다. 가난한 사람들이 아내와 자식을 데리고 이 마을 저 마을로 양식을 찾아다녔다. 모셰의 부모님이 사는 마을에도 배고픈 사람들이 떼로 몰려다니며 구걸을 했다. 모셰의 어머니는 손절구로 곡식을 빻아 가루로 만들고 매일 아침 빵을 구워 그 사람들에게 나눠 주었다. 어느 날은 평소보다 구걸하는 사람들이 많아서 빵이 모자랄 것 같았다. 화덕은 이미 달구어졌고 빵 반죽도 이미 그릇에 담겨 있었다. 모셰의 어머니는 얼른 반죽을 꺼내서 더 치댄 다음 화덕에 집어넣었다. 굶주린 사람들은 시간이 지체되자 투덜거리기 시작했다. 그중 뻔뻔한 사람들은 욕을 하고 저주를 퍼붓기도 했다. 어머니의 눈에서 눈물이 흘러내렸다.

소년 모셰가 어머니에게 다가와 말했다. "울지 마세요, 어머니. 저 사람들은 그냥 욕하게 내버려두고, 하던 일을 계속하셔서 하나님의 계명을 꽉 채워 지키세요! 혹시라도

저 사람들이 어머니를 칭찬하고 축복하면 덜 채워질지도
모르니까요."

하나님의 성품

리투아니아 출신의 한 남자가 체르노빌의 랍비 나훔을 찾아와, 딸을 결혼시켜야 하는데 돈이 없다고 하소연했다. 의로운 랍비는 그 자리에서 오십 굴덴을 꺼내 그 사람에게 주었다. 원래는 다른 데 쓰려고 모아 둔 돈이었다. 랍비는 자신이 입던 비단옷까지 한 벌 내주었다. 결혼식 때 신부의 아버지가 품위 있는 모습을 보일 수 있도록 배려한 것이었다.

랍비가 준 돈과 옷을 챙긴 사람이 곧장 달려간 곳은 술집이었다. 거기서 독주를 시켜 마시기 시작했다. 몇 시간 후 랍비의 제자들은 그 사람이 만취 상태로 의자에 널브러져 있는 것을 보았다. 제자들은 그가 아직 다 쓰지 못한 돈과 비단옷을 빼앗아 랍비 나훔에게 가져왔다. 그리고 그가 랍비의 신뢰를 이용해 얼마나 수치스러운 짓을 했는지 고발했다.

랍비 나훔이 격노해서 제자들에게 호통을 쳤다. "내가 하나님의 성품을 사모하여 '악한 자에게나 선한 자에게나 선을 베푸시는' 그 선하심의 옷자락을 간신히 붙잡았는

데, 너희가 그것을 내 손에서 가로챘구나! 당장 그 사람에
게 모두 돌려주거라!"

하나님을 본받아

사소브의 랍비가 자신에게 남은 마지막 돈을 평판이 아주 나쁜 사람에게 다 주었다. 제자들이 그것 때문에 불평을 늘어놓자 랍비는 이렇게 말했다. "하나님은 내게 이것을 그냥 주셨는데, 내가 그분보다 까다롭게 굴어서야 되겠는 가?"

방해꾼

밤늦게까지 말씀을 읽던 랍비 모셰 레입은 그 가르침의 신비에 완전히 빠져들었다. 그런데 그때 누군가가 창문을 두드리는 것이 아닌가! 밖에는 술 취한 농부가 서 있었는데, 다짜고짜 하룻밤만 재워 달라는 것이었다. 의로운 랍비는 화가 치밀어 올라 버럭 소리를 질렀다. "이런 뻔뻔스러운 주정뱅이를 봤나! 네 놈이 우리 집의 손님이라도 되는 줄 아느냐?"

그러나 잠시 후 랍비는 속으로 이런 생각을 했다. '저 사람도 하나님의 세상에서 잠시 머무는 손님이 아닌가? 하나님이 그를 받으셨는데, 내가 어떻게 내칠 수 있단 말인가?' 랍비는 즉시 문을 열고 술 취한 자에게 잠자리를 마련해 주었다.

아브라함과 롯

바르디체브의 랍비 이츠하크가 렘베르크*에 갔을 때의
일이다. 랍비는 도시에서 아주 돈이 많고 명성 높은 사람
의 집을 찾아갔다. 집주인 앞에 선 랍비는 자신의 이름과
신분은 밝히지 않고, 그저 하룻밤 묵을 수 있게 해 달라고
부탁했다. 부잣집 주인은 랍비에게 호통을 쳤다. "여기는
떠돌이나 받아 주는 곳이 아니오. 냉큼 여관이나 가 보시
오!"

랍비가 말했다. "나는 여관에는 가지 않소. 그저 잠시 누울
곳만 있으면 되니 부탁하오. 주인에게 폐를 끼치는 일은
없을 거요."

남자는 소리를 질렀다. "여관에는 안 간다고? 옳거니, 그
러면 저쪽에 있는 선생 집으로 가면 되겠군. 그 인간은 아
무라도 공손하게 맞아서 대접한다더군. 당장 꺼지시오!"

랍비 이츠하크는 그 교사의 집으로 갔다. 과연 그는 공손
하게 랍비를 맞아 대접해 주었다. 랍비가 그 집으로 가는
도중에 누군가 랍비를 알아보았고, 금세 소문이 퍼져 나
갔다. 바르디체브의 거룩한 랍비가 우리 마을에 오셔서

지금 아무개 선생님의 집에 묵고 있다는 소문이었다.

랍비가 겨우 한숨 돌렸을 때, 순식간에 수많은 사람들이 그 집 앞으로 몰려들었다. 문이 열리고 사람들은 안으로 쏟아져 들어와 랍비 앞에 엎드려 축복을 부탁했다. 그중에는 얼마 전에 랍비를 쫓아낸 부자도 있었다. 부자는 사람들을 뚫고 앞으로 나아와 이렇게 애원했다. "랍비님, 부디 저를 용서해 주십시오. 제 집에서 랍비님을 모실 수 있도록 허락해 주십시오. 렘베르크를 찾아오신 다른 랍비님들도 이제껏 제 집에 머무셨습니다."

랍비 레비 이츠하크는 모인 사람들을 보면서 이렇게 말했다. "여러분, 우리 조상 아브라함과 그의 조카 롯은 어떤 차이가 있습니까? 아브라함이 엉긴 젖과 우유와 송아지 요리를 천사에게 대접했을 때 놀라운 복을 받았습니다. 하지만 롯도 빵을 구워서 상을 차려 천사들을 대접하지 않았습니까? 어째서 아브라함이 그들을 집에 맞아들인 것만 선행으로 인정받았을까요? 엄연히 롯도 그들을 정성껏 맞아들여 숙식을 제공했지만, 차이는 이것입니다. 롯의 경우는 이렇게 기록되어 있습니다. '천사들이 소돔에 이르니'(창 19:1). 아브라함의 경우는 이렇게 적혀 있습니다. '그가 눈을 들어 보니, 사람 셋이 맞은편에 서 있었다'(창 18:2). 롯이 본 것은 천사의 형상이었고 아브라함이 본 것은 먼지를 뒤집어쓴 가난한 사람, 충분한 휴식과 음식이 필요한 떠돌이였습니다."

* 렘베르크는 현재 우크라이나의 르비우를 가리키는 곳으로 폴란드인과 유대인이 많기로 유명한 도시였다. 레브, 즉 사자와 관련된 이름의 도시다.

받는 사람

랍비 주샤가 사는 도시에 한 남자가 있었는데, 그가 보기에 랍비 주샤는 너무 가난하게 살고 있었다. 그래서 매일 회당에 가서 랍비의 성구함에 약간의 돈을 넣어 주었다. 그 돈이면 랍비가 가족들과 빠듯하게나마 생계를 꾸릴 수 있었다. 그런데 그때부터 남자의 재산이 자꾸 불어나기 시작했다. 남자는 더 부유해질수록 더 많은 돈을 주샤에게 기부했다. 더 많이 기부할수록 재산은 더 불어났다.

어느 날 그는 문득 이런 생각이 들었다. '맞다. 랍비 주샤는 위대한 마기드의 제자라고 했지? 제자에게 기부한 것만으로도 이런 큰 보상을 받았는데, 위대한 스승을 잘 챙겨 드리면 엄청난 부가 따라오겠지!'

그는 얼른 메제리츠로 가서, 그곳의 위대한 랍비 도브 베르를 위해 거액의 기부금을 냈다. 그때부터 그의 재산이 점점 줄기 시작했다. 잘나가던 시절에 쌓아 놓은 재산까지 모두 날려 버렸다. 남자는 크게 낙담해서 랍비 주샤를 찾아갔다. 자초지종을 모두 이야기한 후에 랍비에게 물었다. "랍비님의 스승은 랍비님과 비교할 수 없을 만큼 크고 위대한 분이라고 하지 않았나요? 도대체 이게 어떻게 된 일일까요?"

랍비 주샤가 대답했다. "잘 생각해 보게. 자네가 누구에게 주는지 전혀 신경 쓰지 않고, 받는 사람이 주샤든 아니든 그냥 베풀 때는, 하나님도 자네가 누구인지 보지 않고 그냥 주셨다네. 그런데 자네가 고귀하고 훌륭한 사람을 따로 골라 주려고 하니까, 하나님도 똑같이 하신 것뿐이라네."

무를 주세요

안식일의 세 번째 만찬은 가장 거룩한 공동체 만찬으로, 가장 친밀한 사람들이 모여 식사하는 자리였다. 랍비 볼프의 제자들은 스승과 함께 식탁에 앉았다. 의로운 랍비가 깊은 생각에 빠져든 것을 본 제자들은 스승의 묵상을 방해하지 않으려고 나지막한 목소리와 손짓으로 이야기를 이어 나갔다.

랍비 볼프의 집에는 특별한 관습이 있었는데, 그것은 언제나 누구라도 그 집에 들어와서 랍비의 식탁에 앉을 수 있다는 것이었다. 그것은 랍비 볼프의 뜻이었다. 그날도 한 남자가 불쑥 들어오더니 그 만찬 자리에 끼어들었다. 그가 얼마나 버릇없는 사람인지 거기 있는 모두가 알고 있었다. 잠시 후 그가 주머니에서 큼지막한 무 하나를 꺼내더니 쓱쓱 잘라서 먹기 좋게 만든 다음, 우적우적 소리를 내면서 먹기 시작했다.

자리에 앉아 있던 사람들은 도저히 참을 수 없어서 남자에게 야단을 쳤다. "이 돼지 같은 인간아! 술집에서나 할 짓을 이 거룩한 식탁에서 하다니, 우리를 모욕하는 거냐?"

소리를 죽인다고 죽였지만 그들의 목소리가 랍비의 귀에 들렸다.

랍비가 입을 열었다. "맛있는 무 한 조각 먹고 싶은데, 누가 나한테 무를 좀 주겠나?"

무를 씹어 먹던 사람은 너무 기뻐서 무를 한 움큼 집어 랍비 볼프에게 드렸다. 그의 부끄러움 위로 기쁨이 넘쳐흘렀다. 기쁨이 부끄러움을 묻어 버렸다.

도둑

한밤중에 도둑들이 랍비 볼프의 집에 잠입해서, 손에 잡히는 것은 무엇이든 집어넣었다. 마침 방에 있던 의로운 랍비는 그들을 방해할까 봐 조용히 지켜보기만 했다. 그런데 도둑질을 다 마치고 나가던 도둑들이 구석에 있는 항아리까지 들고 가는 것이 아닌가? 순간 랍비는, 전에 어떤 환자가 항아리에 입을 대고 마신 적이 있음을 떠올렸다. 랍비 볼프는 얼른 도둑들을 따라가 외쳤다. "여보게, 자네들은 착한 사람들 아닌가! 자네들이 우리 집에서 가져간 것은 모두 내가 자네들에게 준 선물이라고 생각하게. 다만, 그 항아리를 쓸 때는 조심하게나. 환자가 입을 댔던 것이니 자네들도 병이 옮을 수 있다네."

그날 이후 랍비는 잠자리에 들 때마다 스스로 다짐했다. "나는 재산을 모든 사람에게 공짜로 준다." 그러면 도둑이 와서 그의 재산을 가져가도 그 도둑에게 죄가 돌아가지 않기 때문이다.

배교자

의로운 자들(짜디킴)이 렘베르크에 모여서 시대의 타락을 염려하며 진지한 토론을 벌였다. "많은 사람들이 거룩한 도덕을 무시하고 옷은 점점 짧게 입고 다니고, 머리카락을 자르거나 귀밑머리를 밀어 버린다. 이러다가는 사람들의 마음이 완전히 타락과 배교의 길로 들어설 것이다. 건물이 무너져 내리는 것을 막아야 한다. 그러지 않으면 머지않아 높은 건물이 순식간에 쓰러지는 것을 각오해야 할 것이다."

그들은 튼튼한 울타리를 세우기로 결의했다. 첫 번째 조치로, 만약 그런 불경건한 자들이 랍비의 중재가 필요해서 도움을 청한다 해도 그들의 부탁을 들어주지 않기로 했다. 다만 즈바리즈의 랍비 볼프의 의견을 물어보고 그가 이 의견에 찬성하면, 즉시 이를 시행하기로 했다. 의로운 자들은 그를 찾아가 의견을 물었다.

랍비 볼프가 대답했다. "왜 내가 그 사람들보다 당신들을 더 사랑해야 합니까?"

결국 그들의 결의는 실행되지 못했다.

싸우는 사람들

랍비 볼프는 악한 사람은 없으며, 모두가 의로운 사람이라고 생각했다. 한번은 두 사람이 싸우자 사람들이 랍비 볼프에게 와서 두 죄인을 꾸짖어 달라고 부탁했다.

랍비가 대답했다. "내게는 두 사람이 똑같이 중요한데, 누가 감히 짜디킴* 사이에 끼어든단 말이오?"

* 랍비 볼프는 서로 싸우는 두 사람도 각각 짜디크라고 본 것이다. 감히 그들을 꾸짖을 수 없다. 의로운 사람은 누군가의 꾸짖음 때문이 아니라 스스로 의로운 길을 찾아낼 것이다.

오직 선한 것

젊은 주샤가 자신의 스승, 곧 위대한 마기드 도브 베르의 집에 머물 때의 일이다. 한 남자가 스승을 찾아오더니 자기가 하는 사업에 조언과 지원을 부탁했다. 주샤는 그가 온통 죄로 물든 사람이며, 회개할 생각이 전혀 없는 사람인 것을 알아차렸다. 화가 치밀어 오른 주샤는 그에게 호통을 쳤다. "온갖 파렴치한 짓을 저지르고 다니는 당신 같은 사람이, 티끌만큼도 회개할 생각이 없고 부끄러워할 줄도 모르는 당신이, 어떻게 감히 거룩하신 분 앞에 얼굴을 내민단 말이오!"

그 말을 들은 사람은 말없이 그곳을 떠났다. 그리고 주샤는 자기가 한 말을 몹시 후회했다. 이 문제를 어떻게 풀어야 할지 몰라 괴로웠다.

그때 스승인 랍비 도브 베르가 주샤를 축복하며 이렇게 말했다. "이제부터 너는 모든 사람에게서 오직 선한 것만 보아야 한다. 비록 네가 보기에 그 사람이 잘못하는 것처럼 보인다 해도 그래야 한다."

그때 주샤가 갖게 된 능력, 곧 어디서나 선한 것을 볼 수 있는 능력은 평범한 사람의 입에서 나온 것이 아니기 때문에 어떤 경우에도 사라지지 않았다. 그때부터 주샤는 다른 사람의 악행을 보면, 그것을 자신이 저지른 악행으로 여기고 직접 죗값을 치르곤 했다.

루진의 랍비*는 주샤의 이야기를 들려주면서 이런 말을 덧붙였다. "우리 모두가 이런 마음을 갖게 된다면, 악은 없어지고 죽음은 삼켜지고 완전한 세상이 실현될 것이다."

---

* 루진 하시딤은 위대한 마기드의 증손자 랍비 이스라엘 프리드먼이 이끌었다. 루진 계열의 하시디즘은 화려하고 사치스러운 대규모 회당으로 유명하다.

사랑의 계명

한 제자가 랍비 슈멜케에게 물었다. "우리에게 주신 계명은 '네 동료를 너와 똑같이 사랑하라'입니다. 하지만 동료가 제게 악을 행한다면 어떻게 그 계명을 지킬 수 있습니까?"

랍비가 대답했다. "너는 말씀의 뜻을 제대로 이해해야 한다. 그 계명은 '네 동료를 너와 똑같은 존재로서 사랑하라'는 뜻이다. 모든 영혼은 하나다. 모든 영혼(Seele)은 근원의 영혼(Urseele)에서 나온 하나의 불꽃이다. 근원의 영혼은 모든 영혼 안에 있으니, 이것은 네 영혼이 네 몸의 모든 지체 안에 있는 것과 마찬가지다. 살다 보면, 어쩌다가 네 손이 너를 때릴 때도 있다. 하지만 그 멍청한 손버릇을 고쳐놓겠다고 몽둥이를 들어 네 손을 후려치지는 않는다. 그러면 네가 더 아플 뿐이다. 네 동료에 대해서도 마찬가지다. 그는 너와 한 영혼이다. 그가 아직 충분한 깨달음이 없는 상태에서 네게 악을 행할 수는 있지만, 만약 그에게 보복을 한다면 그것은 너 자신을 아프게 하는 일이다."

제자는 또 물었다. "하지만 그 사람이 하나님 앞에서 악을 행한다면, 제가 어떻게 그를 사랑할 수 있습니까?"

랍비 슈멜케가 대답했다. "근원의 영혼은 하나님의 본성에서 나온 것이며, 모든 사람의 영혼은 하나님의 일부라는 사실을 알지 못하느냐? 그분의 거룩한 불꽃 중 하나가 무언가에 사로잡혀 꺼져 버릴 위기에 처했는데, 그것을 보고도 그를 긍휼히 여기지 않을 수 있겠느냐?"

말대답

예후디의 아내는 남편에게 한참 동안 격렬한 비난의 말을 쏟아부을 때가 많았다. 예후디는 아무 말 없이 아내의 말을 귀담아듣고는 흔쾌히 충고를 받아들이곤 했다. 그러나 어느 날 아내의 비난이 도를 넘자, 예후디는 몇 마디로 아내의 말을 맞받아쳤다.

얼마 후 예후디의 제자인 랍비 부넴이 와서 물었다. "선생님, 오늘은 다른 날과 무엇이 달랐습니까?"

예후디가 대답했다. "오늘은 나에 대한 분노와 원망 때문에 아내의 영혼이 아예 무너져 버릴 지경이었다네. 아내가 고래고래 소리를 지르는데도 내가 전혀 동요하지 않았기 때문이지. 그래서 내가 한두 마디 말로 응수해 주었네. 그러자 아내도 자신이 한 말에 내가 신경을 쓴다고 느꼈다네. 그 느낌 덕분에 아내도 다시 힘이 난 거지."

주샤와 아내

랍비 주샤의 아내는 툭하면 시비를 걸어 말다툼하는 여자였다. 끊임없이 이혼을 요구하며 남편을 들들 볶았다.*
주샤는 아내가 자꾸 이혼을 요구하는 바람에 마음이 무거웠다.

어느 날 밤 주샤는 아내를 불러 말했다. "여보, 이것을 좀 봐요!"

주샤의 베개가 흠뻑 젖어 있었다. 그것을 본 아내에게 주샤가 말했다. "탈무드에 이런 말이 있어요. '누구든지 자기 아내를 내쫓는 자가 있다면, 거룩한 제단에서 눈물이 흘러내려 그를 적실 것이다.' 내 베개가 그 눈물에 젖은 것이오. 이제 어떻게 하면 좋겠소? 아직도 이혼 증서를 원하시오?"

아내는 고요해졌다. 고요하니 행복해졌다. 행복하니 착한 사람이 되었다.

---

* 유대교 법에 따르면 이혼할 수 있는 유일한 방법은 남편이 아내에게 '게트'라는 이혼 증서를 내줄 때뿐이다.

원수

니콜스부르크*에 돈 많고 영향력 있는 사람이 있었는데,
그는 랍비 슈멜케에게 적대적인 생각을 품고, 랍비에게
공개적인 망신을 주려고 온갖 궁리를 하고 있었다.

욤 키푸르(대속죄일) 전날 밤, 그가 랍비 슈멜케를 찾았다.
그날은 모든 사람이 서로 용서하는 날이니, 자신도 랍비
와 화해하고 싶다고 말했다. 그는 랍비에게 아주 오래 묵
은 포도주 항아리를 건네면서 어서 한 잔 마시라고 권했
다. 그의 속셈은 이것이었다. '랍비는 이런 술이 익숙하지
않을 테니, 조금만 마셔도 취기가 올라올 게 분명해. 그러
면 회당에 모인 사람들 앞에서 랍비가 완전히 망가지겠
지?' 과연 랍비 슈멜케는 화해의 의미로 부자가 보는 앞에
서 여러 잔을 마셨다. 부자는 자기 목표를 이루었다는 생
각에 기분이 좋아져서 집으로 돌아갔다.

저녁이 되고 공동 기도 시간이 다가왔다. 갑자기 심판의
날의 전율이 랍비를 훑고 지나갔다. 순식간에 모든 취기
가 사라졌다.

저녁 기도를 마치고 난 후에도 랍비 슈멜케는 다른 경건

한 사람들과 밤새도록 회당에 남아서 이전과 같이 시편 말씀을 선창했고, 사람들도 그를 따라 시편을 노래했다. 회중의 노래는 시편 41편에 이르렀다. "내 원수가 내 앞에서 기뻐하지 못하니, 당신이 나를 기뻐하시는 줄을 내가 알았나이다"(시편 41:11).

랍비는 이 구절을 반복했다. 또 일반적인 방식 대신, 자구에 매이지 않고 이 구절을 대담하게 의역했다. "내 원수가 나로 인해 악한 일을 당하지 않으니, 당신이 나를 기뻐하시는 줄을 내가 알았나이다." 그리고 이렇게 덧붙였다. "온 세상의 주님, 만일 나를 미워하고 내게 망신 주려는 사람들이 있다면, 그들을 용서하소서. 그들이 나 때문에 어려움을 당하지 않도록 하소서."

랍비 슈멜케가 간절한 목소리로 이렇게 기도하자, 모든 회중의 눈에서 눈물이 쏟아져 나왔다. 모든 사람이 자신의 마음 깊은 곳에서 우러나오는 목소리로 랍비의 기도를 따라 했다. 회중 가운데는 랍비에게 술을 먹인 부자도 있었다. 순간 그의 마음에 회개가 일어나고, 사악한 마음이 그에게서 완전히 떠나갔다. 그때부터 그는 랍비 슈멜케를 가장 사랑하고 존경하는 사람이 되었다.

* 니콜스부르크 하시딤은 모라비아 하시딤으로 불리며, 폴란
  드나 헝가리 하시딤과는 달리 학문적인 열정이 강했고, 동
  유럽의 하시디즘이 중부 유럽으로 퍼지는 데 기여했다.

지각

욤 키푸르(대속죄일) 저녁, '콜 니드레'*를 부르는 시간이
되었다. 회당에는 모든 경건한 사람들이 모여 랍비가 오
기를 기다리고 있었다. 시간이 되었는데도 랍비는 오지
않았다. 거기 있던 여인 중 하나가 속으로 생각했다. '예배
가 시작되려면 조금 더 걸리겠는데? 너무 서둘러 온 것 같
아. 집에 혼자 두고 온 아기가 혹시 깨서 우는 건 아닐까?
얼른 집에 가서 보고 와야겠다. 5분이면 되니까, 뭐 괜찮
겠지.'
여인은 얼른 집으로 달려갔다. 문에 귀를 대 보니 조용했
다. 가만히 문을 열고 슬며시 고개를 넣어 방 안을 들여다
보았다. 그런데 랍비가 여인의 아기를 안고 있는 것이 아
닌가! 회당으로 가던 랍비는 아기의 울음소리를 듣고 차
마 그냥 지나치지 못했던 것이다. 랍비는 아이를 달래며
노래도 불러 주었다. 아기는 그렇게 잠이 들었다.

* 콜 니드레는 '모든 서약'이라는 뜻으로 욤 키푸르의 시작
  을 알리는 중요한 기도문이다. 인간이 하나님 앞에서 지키

겠다고 맹세한 모든 서약이 무효임을 선언함으로써 정죄를 피하는 내용이다.

장터의 일꾼

랍비 모셰 레입이 빠뜨리지 않고 하는 일이 있었다. 일 년에 한 번 서는 대규모 장날에 장터로 달려가, 도움이 필요한 사람이 없는지 살피는 것이었다.

한번은 장터를 이곳저곳 돌아다니는 곡예사 때문인지 연극 공연 때문인지, 한눈을 팔던 상인들이 자기 가축 챙기는 것을 까맣게 잊어버린 적이 있었다. 송아지들은 목이 마르고 배가 고파서 쓰러지기 직전이었다. 그것을 본 랍비는 얼른 양동이에 물을 떠다가 송아지들에게 먹였다. 그 일을 하는 랍비의 모습은, 평생 그 일만 하던 사람처럼 능수능란했다.

상인 한 사람이 그 모습을 보더니, 옆 골목에 있는 자기 가축에게도 물을 먹여 줄 수 있느냐고 물었다. 랍비는 기꺼이 그의 부탁을 들어주었다. 일이 다 끝날 때까지 완전히 그 일에 몰입했다. 대가는 바라지도 않았다.

주샤와 새들

랍비 주샤가 이곳저곳 돌아다니며 돈을 모으고 있었다. 감옥에 갇힌 포로들을 풀어 주기 위해 보석금이 필요했던 것이다. 그러다 한 여관에 들렀는데, 마침 여관 주인은 출타 중이었다.

랍비는 어느 집이든 방문하면 모든 방을 다 둘러보는 습관이 있었다. 한 방에 가보니 커다란 새장이 있고 그 안에 온갖 종류의 새들이 있었다. 새장에 갇힌 새들은 다시 밖으로 나가서 온 세상을 자유롭게 날아다니는 순간만을 간절히 바라는 듯했다.

랍비 주샤는 새들이 불쌍해서 견딜 수 없었다. 그는 생각했다. '지금까지 나는 갇힌 사람들을 풀어 주려고 발바닥이 닳도록 뛰어다녔지. 갇힌 것을 풀어 주는 일이라면, 이 새장에서 새들을 풀어 주는 것보다 위대한 일은 없을 거야!' 랍비는 새장 문을 열었다. 새들은 자유를 얻었다.

여관 주인이 집에 돌아와 보니 새장이 텅 비어 있었다. 그는 화가 머리끝까지 나서 집안 사람들을 붙잡고 누가 이런 짓을 저질렀는지 물었다. 그들이 대답했다. "웬 남자가 돌아다니고 있었는데, 꼭 정신이 나간 사람 같았어요. 그 사람 말고 이런 짓을 할 사람은 없습니다." 주인은 주샤에게 달려가 소리를 질렀다. "이 정신 나간 놈, 네가 감히 내 새들을 풀어 줘! 내가 그것들을 모으느라 돈을 얼마나 썼는데, 그 돈을 다 날려 버려?"

주샤가 대꾸했다. "보아하니, 당신도 시편을 여러 번 낭독했을 거 아니오? 시편에 보면 '여호와께서 그 지으신 모든 피조물에게 긍휼을 베푸신다'(시 145:9) 하지 않았소?"

여관 주인은 주샤를 두들겨 패기 시작했다. 더 때릴 힘이 없을 때까지 때리고는 문밖으로 던져 버렸다. 주샤는 일어나서 기쁜 마음으로 길을 걸어갔다.

말

랍비 볼프는 마차를 타고 갈 때 절대로 말을 때리지 못하게 했다. 그는 마부에게 이렇게 가르쳤다. "자네가 말에게 어떻게 말을 건네는지 배우기만 하면, 그때부터는 말에게 욕하거나 소리칠 필요가 없다네."

엘리야의 방문

프레미슐란의 랍비 메이르가 들려준 이야기다.

"어렸을 때 내 간절한 소망은 예언자 엘리야를 직접 보는 것이었어. 그 이야기를 아버지께 했더니, 아버지께서 이렇게 말씀하셨지. '열심히 공부만 해라, 그러면 그분을 볼 수 있을 거야.' 그래서 나는 한 달 동안 새벽부터 늦은 밤까지 열심히 공부에만 매달렸어. 그러고 나서 다시 아버지께 갔더니 또 이렇게 말씀하시는 거야. '어서 가서 더 공부해라!'

어느 날 학교에서 책을 읽고 있는데, 누더기 옷을 입은 남자가 들어왔어. 잔뜩 구부러진 등에 무거운 보따리를 매고 있는데 얼굴은 헝클어진 머리카락과 수염으로 덮여 있었지. 그가 내게 묻는 거야. '저기, 내가 먼 길을 걸어오느라 힘들어서 그러는데, 여기 잠깐 짐을 내려놓고 쉬었다 가도 될까?'

나는 대답했지. '여기는 여관이 아니에요.'

그 사람은 똑같은 말을 했어. '내가 너무 먼 길을 걸어오느라 피곤해서 그래.'

하지만 또 안 된다고 했지. 결국 그 사람은 나가 버렸어. 얼마 후 아버지가 교실로 들어오면서 말씀하셨지. '얘야, 예언자 엘리야가 오셨던데, 너도 만나 봤니?'"

하녀의 증언

젊은 시절에 랍비 엘리멜레흐의 집에서 하녀로 일했던 노파가 있었다. 사람들이 의로운 랍비 엘리멜레흐의 이야기를 들려달라고 조르면, 노파는 이렇게 대답하곤 했다. "나는 아무것도 몰라요. 그냥 딱 하나 생각나는 것이 있답니다. 주중에는 부엌에서 싸움이 끊이지 않았어요. 하녀들은 늘 그랬답니다. 그런데 안식일 밤이 되면, 우리 모두에게 어떤 신비한 분위기가 느껴졌지요. 우리는 서로 포옹하면서, 지난주 서로에게 잘못한 것을 고백하고 서로 용서를 구하면서 따뜻한 말을 건넸답니다."

제대로 배운 것

랍비 레비 이츠하크는 장인의 반대를 무릅쓰고 니콜스부르크의 랍비 슈멜케를 만나러 갔다. 긴 시간이 흘러 레비 이츠하크가 고향으로 돌아오자, 장인은 화를 내며 따졌다. "그래, 그 양반한테서 뭘 배웠는가?"

레비 이츠하크가 대답했다. "창조주가 살아 계심을 배웠습니다."

장인은 저쪽에서 일을 하고 있던 하인을 부르더니 이렇게 물었다. "자네, 창조주가 살아 계시다는 것을 알고 있는가?"

하인은 대답했다. "네, 알고 있습니다."

레비 이츠하크는 외쳤다. "모든 사람이 그것을 알고 있다고 말합니다. 하지만 제대로 배우고 제대로 알고 있는 걸까요?"

루블린에서 배운 것

리프니크*의 랍비는 하시디즘에 반대하는 사람이었다. 그는 젊은 이츠하크의 학문이 깊다는 소문을 듣고 찾아와 그에게 물었다. "그대는 루블린의 랍비에게 무엇을 배우려고 하는가? 그 사람에게서 무엇을 배울 수 있는가? 그 사람에게서 무엇을 배웠는가?"

예후디**는 말했다. "별다른 것은 없습니다. 루블린의 거룩한 랍비이신 스승께 제가 배운 것이 있다면, 눕자마자 코를 골며 잠드는 것입니다."

---

 * 리프니크는 모라비아 지역에 있다.
 ** 16세기 폴란드의 예루살렘으로 불리던 루블린에서 수학한 랍비 야코프 이츠하크는 '예후디'란 별명으로 불리며 프쉬스하와 코츠크 하시딤의 뿌리가 된다.

가르침대로 사는 것

사라의 아들, 숨은 짜디크, 큰 물의 흐름을 따라 땅 위를 방랑하는 자, 이로써 살아 있는 자의 영혼과 죽은 자의 영혼을 구원하는 랍비 레입*이 이야기를 들려주었다.

"내가 위대한 마기드 스승을 찾아간 것은, 그분의 가르침을 듣기 위해서가 아니었다. 나는 그분이 털신의 끈을 어떻게 푸는지, 어떻게 조이는지 보고자 했다. 그것만 봐도 모든 걸 알 수 있다."

* 사라의 아들 아리에 레입은 어머니의 이름으로 불리는 거의 유일한 하시디즘 지도자다. 바알 쉠 토브는 그를 드러나지 않는 숨은 의인이라고 추켜세웠다.

토라 강론

랍비 예헤스켈은 아직 젊은 나이인데도 시니아와 공동체
의 영적 지도자로 선택되었다. 그가 마을에 도착하고 첫
번째 안식일이 되었다. 사람들은 랍비 예헤스켈이 관례
에 따라 설교를 해 주리라 기대했다. 그러나 랍비는 기대
와 달리 설교를 하지 않았다. 마을 대표자들은 랍비와 함
께 안식일의 세 번째 만찬(토요일 저녁 식사)을 하면서, 랍비
에게 그 자리에서 토라*를 읽고 강론해 줄 것을 부탁했다.
그러자 랍비는 성경을 가져다 달라고 했다.

성경을 받아 든 랍비 그 주의 말씀을 펴서 처음부터 끝
까지 낭독했다. 이어서 그가 말했다. "이것은 하나님의 토
라입니다. 토라는 거룩한 말씀입니다. 나는 감히 그 말씀
에 덧붙여 말할 수 없습니다."

랍비는 성경에 입을 맞추고 원래 있던 자리에 놓아 달라
고 부탁했다.

---

* 유대교는 토라, 즉 모세오경을 일정 분량으로 나누어 1년에
한 번 전체를 읽는데, 이를 '파라샤'라고 한다. 음력을 따르

는 유대교의 명절은 매년 똑같은 시기에 돌아오기 때문에 매번 같은 파라샤를 읽게 된다.

그분의 말씀

바알 쉠 토브는 매일 저녁 기도를 마친 후 자기 방에 들어가 두 개의 촛불을 밝혀 놓고 《세페르 예찌라》(ספר יצירה)*와 다른 책 몇 권을 책상 위에 올려놓았다. 그런 다음, 그의 조언이 필요해서 찾아온 사람들을 모두 한꺼번에 들어오게 했다. 랍비는 밤 11시까지 그들에게 말씀을 들려주었다. 어느 날 밤, 랍비의 말씀을 들은 사람들이 밖으로 나가면서 서로 이야기했다. 한 사람이 랍비 바알 쉠 토브가 자신에게 해 준 말씀이 정말 마음에 와닿았다고 말했다. 그러자 다른 사람이 헛소리라고 타박하면서, 그분의 방에 들어간 사람은 많았지만, 스승님은 처음부터 끝까지 오로지 자기만 보면서 말씀하셨다고 주장했다.

그 말을 들은 세 번째 사람이 미소를 지으며 대화에 끼어들었다. 두 사람이 어떻게 그런 착각을 할 수 있는지 신기하다며, 사실 랍비는 그날 저녁 내내 자신과 아주 속 깊은 대화를 나누셨다는 것이다. 네 번째 사람도, 다섯 번째 사람도 똑같은 말을 했다. 결국 모두가 그런 체험을 했다고 너도나도 소리를 높이는 바람에 대화가 뒤죽박죽이 되었다. 잠시 후 그들은 큰 깨달음과 함께 모두 침묵에 잠겼다.

* 문자적으로 '창조의 책'이란 뜻으로, 천지 창조의 원리인 숫자의 비밀을 다룬 책이다.

비밀

구르의 랍비가 안식일 저녁 식사를 마치고 자기 방으로 들어갔다. 제자들이 그 뒤를 따라 들어가려는데, 하인 하나가 문앞에 서서 특별히 명망 높은 사람들만 안으로 들였다. 뒤이어 들어오려는 사람들이 있었지만, 면전에서 문을 쾅 닫아 버렸다.

랍비가 하인에게 말했다. "무슨 일인가?"

하인이 대답했다. "모든 사람이 들을 수는 있습니다. 여기에는 비밀이 없습니다. 어쩌면 지금 여기서 진정한 비밀을 말씀하실 수도 있지 않습니까? 성경 말씀에도 '그분의 비밀이 그분을 경외하는 자들에게 있음이여!'*라고 쓰여 있습니다. 모든 사람이 듣지만, 그 사람의 경외함의 정도에 따라 비밀의 말씀이 드러납니다."

---

 * 우리말 성경은 시편 25:14을 "여호와의 친밀하심이 그를 경외하는 자들에게 있음이여"라고 번역한다. '친밀하심'으로 옮긴 히브리어 '소드'(סוד)는 문자적으로 '비밀'을 뜻한다.

목자

예후디가 죽고 나서 약간의 시간이 흘렀다. 제자들은 아직도 누구를 스승으로 선출해야 할지 막막한 상태였다. 그들은 랍비 부넴을 찾아가 조언을 구했다.

그가 말했다. "한 목자가 밭에서 양 떼를 먹이고 있었지요. 이상한 피로가 몰려와 바닥에 쓰러져 잠이 들었답니다. 전에는 한 번도 그런 일이 없었지요. 그가 깨어나 보니 한밤중이었어요. 하늘에는 둥근달이 떠 있고 밤공기는 맑고 시원했지요. 목자는 개울로 내려가 물을 움켜서 마셨답니다. 살 것 같았지요. 그 순간 양 떼 생각이 났고 목자는 심장이 멎을 것만 같았어요. 얼른 주위를 돌아보니 양들은 앞에 보이는 우리 안에서 서로 몸을 맞대고 쉬며 꿈지락거리고 있었어요. 목자는 양들을 헤아려 보았지요. 다행히 한 마리도 모자라지 않았어요. 그가 외쳤지요. '오 하나님, 감사합니다. 이 은혜를 어찌 갚아야 할지요! 내게 당신의 양 떼를 맡겨 주셨으니, 내가 이 양 떼를 내 눈동자처럼 지키겠습니다.' 여러분은 이런 목자를 랍비로 모시면 될 것입니다."

과거 예후디에게 카발라를 가르쳤던 랍비 아벨레 노이슈테터도 그 자리에서 이 이야기를 들었다. 사실 그 자리에 있던 사람들은 랍비 아벨레야말로 제자인 예후디의 뒤를 이어 지도자가 될 사람이라고 생각했다. 랍비 아벨레는 자신의 의자에서 일어나 그 자리에 랍비 부넴을 앉혔다.

자녀 양육의 비결

코츠크의 랍비에게 한 사람이 찾아와 물었다. 자녀들이
하나님 말씀을 가까이하며 살았으면 좋겠는데, 어떻게 하
면 되겠냐는 것이었다.

랍비가 대답했다.

"자네가 진정으로 그것을 원한다면, 자네부터 하나님의
말씀을 가까이하며 살면 된다네. 자녀들은 그대의 모습을
보고 배울 거야. 그러지 않으면 아무 소용이 없네. 자녀들
도 하나님 말씀을 가까이하지 않고 자기 자녀들에게 그렇
게 하라고만 하겠지. 계속 그런 식으로 이어지는 거야. 성
경에도 '오직 너는 스스로 삼가며…네가 눈으로 본 일을
잊어버리지 말라.…너는 그 일들을 네 아들들과 손자들
에게 알게 하라!'(신명기 4:9) 하지 않았나? 자네가 그분의
말씀을 잊어버리면 자네의 자식들도 잊어버릴 테고, 그저
자기 자녀에게 그것을 알아야 한다고 말만 할 거야. 그러
면 당연히 손주들도 말씀을 잊어버리고 자기 자식들에게
그것을 알아야 한다고 말만 하겠지. 결국 그러다가 아무
도 말씀을 모르게 되는 거라네!"

이 세상 받아들이기

코브린의 랍비 모셰의 제자 중 한 명은 너무 가난했다. 어느 날 그는 의로운 스승 모셰를 찾아가서 가난 때문에 겪는 어려움을 토로했다. 가난이 공부와 기도를 방해한다는 것이었다.

랍비 모셰가 그에게 대답했다.

"우리가 살고 있는 이 시대에는 모든 공부와 기도를 초월하는 최고의 경건이 있다네. 이 세상이 어떤 모습이든, 어떻게 변하든, 있는 그대로 받아들이는 것이라네."

리투아니아   러시아

빌뉴스

벨라루스

독일   폴란드

체코

우크라이나

슬로바키아

오스트리아   몰도바

헝가리

루마니아

1772년 리투아니아의 랍비 빌나 가온은 하시딤에 대한 공식적인 출교령(חרם)을 선포한다. 하시딤이 토라 학자들을 무시하고, 기도 시간에 대한 규율을 어기며, 물구나무서기 같은 비정상적인 행위를 하며 기도한다는 것이 이유였다. 하시딤에 대한 강력한 반대 운동 때문에 이들 토라 중심 공동체는 미트나그딤(반대자)이라 불리게 된다. 하시딤의 지도자들은 리투아니아의 천재 랍비와 대화를 시도했지만 거부당한다. 이후 하시딤과 미트나그딤은 같은 유대교를 믿는다는 사실조차 잊어버릴 만큼 적대적인 대립 관계를 이어간다. 이들이 연합한 것은 시오니즘이라는 공동의 적이 나타났을 때였다. 오늘날에도 이스라엘 국가에서 하시딤과 미트나그딤은 정파적 구분이 확실하며, 세속 사회에 공동으로 대응할 때를 제외하고는 연합하지 않는다.

구원

비밀의 종

슈테피네슈트의 랍비 나훔이 자신의 형제 초르트코브의 랍비 다비드 모셰*에 대해 이렇게 말했다.

"내 형제 다비드 모셰가 시편을 펴고 찬송을 시작하면, 하나님이 그에게 말씀하시지. '나의 아들, 다비드 모셰, 내가 온 세상을 너의 손에 주겠다. 네가 원하는 대로 하라!' 아, 그분이 내게 이 세상을 주신다면 얼마나 좋을까! 나는 그것으로 무엇을 해야 할지 알고 있으니까! 하지만 다비드 모셰는 신실한 종이야. 그는 이 세상을 받은 즉시 그것을 다시 그분께 돌려드렸어."

---

* 랍비 므나헴 나훔과 랍비 다비드 모셰의 부친은 루진의 랍비 이스라엘 프리드만이다. 루진 하시딤이 예루살렘에 건설한 공동체가 랍비의 이름을 따서 티프에레트 이스라엘(문자적으로 '이스라엘의 영광')이다. 루진 출신의 니산 벡이 러시아 차르 니콜라이 1세와 경쟁해 예루살렘 서쪽 벽 옆 땅을 매입했고 그곳에 회당을 건설했다.

꼭 필요한 것

랍비 예히엘 미할은 젊은 시절 극심한 가난 속에서 살았다. 하지만 그에게서는 단 한 번도 기쁨이 가신 적이 없었다. 한 사람이 그에게 와서 물었다.

"랍비께서는 매일 이렇게 기도하시더군요. '내게 필요한 모든 것을 베풀어 주시는 주님, 찬송 받으소서!' 사람이 사는 데 필요한 것이 랍비께는 하나도 없는 것 같은데, 어떻게 그런 기도를 하십니까?"

랍비가 대답했다. "내게 꼭 필요한 것이 바로 가난이라네. 주님이 바로 그것을 내게 허락하셨지."

고마운 고통

레코비츠의 랍비 미할은 발에 병이 있어서 평생 심한 고통을 겪었다. 어느 날 코브린의 랍비가 그를 방문했다. 두 사람은 모두 위대한 랍비 모르데카이의 제자였다. 두 사람은 함께 식사를 했다. 코브린의 랍비는 미할을 위해 건배를 제안하며 이렇게 외쳤다.

"생명을 위하여! 완전한 회복을 위하여!"

그러자 미할이 대꾸했다. "자네는 내 환심을 사려고 별소리를 다 하는구먼. 자네가 나한테 어찌 그런 것을 빌어 준단 말인가? 내게 이런 고통이 없다면, 내가 어떤 꼴로 살았겠나?"

고난과 기도

랍비 레비 이츠하크가 유월절 '하가다'를 읽다가 네 아들
에 관한 구절을 강론하게 되었다.* 특히 '묻는 법을 모르
는' 아들에 관해 풀이하면서 이렇게 말했다.

"묻는 법을 모르는 아들은 바로 나, 바르디체브의 레비 이
츠하크입니다. 온 세상의 주인이신 하나님, 나는 당신께
무엇을 물어야 할지 모르겠습니다. 어쩌다 안다 해도 입
을 열어 물어볼 수 없습니다. 지금 이 땅에서 일어나고 있
는 모든 일은 도대체 왜 일어나는지, 왜 우리는 이 민족의
포로가 되었다가 금세 다른 민족의 포로가 되어야 하는
지, 왜 우리의 원수가 이렇게 잔인하게 우리를 괴롭히고
있는지, 이래도 되는 것인지, 감히 주님께 물어볼 용기가
나지 않습니다. 그러나 '하가다'에서는 묻는 법을 모르는
아들의 아버지에게 이런 말씀이 들려옵니다. '너는 이것
을 그 아이에게 다 열어 주어라!' 이것은 다음과 같은 성
경 말씀을 따른 것입니다. '너는 네 아들에게 이것을 하나
하나 불러 주어 아이가 따라 할 수 있도록 해야 한다.'

온 세상의 주인이신 하나님, 나는 당신의 아들입니다. 제

가 당신께 바라는 것은, 당신이 걸어가시는 길의 비밀을 드러내 보여 주시는 것이 아닙니다. 저는 그것을 감당할 수 없습니다. 다만 오늘날 일어나고 있는 이런 일이 제게 무엇을 의미하는지, 무엇을 요구하는지 알게 하시고, 이런 일을 통해 온 세상의 주님이신 당신께서 하나하나 불러 주시는 말씀을 더 명확하게, 더 깊게 열어 주소서. 오 하나님, 제가 정말 알고 싶은 것은, 제가 왜 고난을 당하느냐가 아닙니다. 제가 당신의 뜻에 따라 고난당하고 있는지 아닌지, 그것만 알고 싶습니다."

---

* '하가다'는 문자적으로 '이야기'라는 뜻으로, 유월절 저녁 예식을 담고 있는 책이다. 많은 이야기들 가운데 「네 아들 이야기」가 가장 유명하다. 네 아들은 지혜로운 아들, 악한 아들, 어리석은 아들, '묻는 법을 모르는' 아들이다. 이들은 유월절 만찬은 물론 하나님을 대하는 서로 다른 인간의 태도를 표상한다.

외면당한 여인

코즈니츠의 위대한 랍비에게 한 여인이 찾아왔다. 여인은
울면서, 남편이 자기를 외면하고 심지어 못생겼다는 말까
지 한다며 하소연했다.

랍비가 말했다. "어쩌면 실제로 못생긴 것 아닐까요?"

여인은 버럭 소리를 질렀다. "랍비님! 제가 결혼할 때는
우리 신랑에게 가장 아름답고 사랑스러운 여자였어요. 그
런데 왜 이렇게 검게 변했을까요?"

그때 무서운 전율이 랍비를 사로잡았다. 랍비는 간신히
여인에게 위로의 말을 건넸다. 그리고 하나님이 남편의
마음을 여인에게 돌려주시기를 기도하겠노라고 말했다.

여인이 돌아간 뒤에 랍비는 기도했다.

"온 세상의 주님, 이 여인을 기억하소서. 이스라엘을 기억
하소서. 이스라엘은 시내산에서 맹세했습니다. '우리가
그 말씀을 행하겠나이다. 우리가 그 말씀을 듣겠나이다.'*
그래서 당신은 이스라엘을 선택하고 이스라엘과 혼약을
맺으셨습니다. 그런데 이스라엘은 왜 이렇게 검게 변했을
까요?"

* 출애굽기 24:7을 히브리어 원문 그대로 옮긴 것이다.

그릇

코츠크의 랍비에게 제자가 한 명 있었다. 그 제자도 나이가 많아 죽을 날이 가까이 오자, 이런 이야기를 들려주었다.

"내 스승이신 랍비에게 들은 첫 번째 말씀을 여러분에게 들려 드리겠습니다. 그 후로도 스승님께 여러 가르침을 받았지만, 언제나 내 마음을 타오르게 만드는 말씀은 처음으로 들은 바로 그 말씀입니다.

그날은 안식일 저녁이었고 축복의 말씀을 듣는 시간이었습니다. 랍비는 높은 의자에 앉아 계셨는데 갑자기 그분의 얼굴이 신비롭게 변했습니다. 마치 그분의 몸에서 영혼이 빠져나와 주위를 떠다니는 것 같았지요. 그분은 무엇도 가로막을 수 없는 단호한 모습으로 두 손을 뻗더니 우리 손 위로 물을 부으면서 축복의 말을 해 주셨습니다. 우리가 먹을 빵에도 축복하고 빵을 떼어 주셨습니다.

그리고 이렇게 말씀하셨죠. '이 세상에는 현명한 자, 연구하는 자, 생각하는 자가 있다. 모두 하나님의 신비를 추구하며 연구하고 생각하는 것이다. 하지만 그들이 간직할 수 있는 것이 얼마나 되겠느냐? 그들은 각자 이성의 용량

만큼 간직할 수 있을 뿐, 그 이상은 불가능하다. 그러나 거룩한 백성, 이스라엘 자손에게는 특별한 그릇이 있으니, 그것은 말씀에 따른 행동이다. 그 그릇 덕분에 이스라엘은 자신의 용량보다 더 많은 양을 담아 놓을 수 있으니, 잘하면 천사의 용량까지 채울 수 있다. 시내산에서 이스라엘은 이렇게 고백했다. '우리가 행하겠습니다. 그리고 듣겠습니다.' 우리는 우리의 행동으로 듣는 것이다.'"

하나님의 테필린

바르디체브의 랍비가 어느 날 기도 중에 하나님께 이렇게 말했다.

"온 세상의 주님, 당신은 이스라엘의 죄를 용서해 주셔야 합니다. 그렇게 해 주시면 좋겠습니다. 만약 그렇게 하지 않으시면, 저는 주님이 무효한 테필린* 속에 계시다는 사실을 온 세상에 알리겠습니다. 당신의 테필린에 들어 있는 말씀을 보십시오. 당신이 기름 부어 세우신 사람 다윗의 말이 있습니다. '당신의 백성 이스라엘 같은 민족이 어디 있으랴? 땅 위에서 유일한 백성이도다!' 그런데도 당신이 이스라엘의 죄를 용서해 주지 않으신다면, 이스라엘은 더 이상 유일한 백성도 아니고, 당신의 테필린에 들어 있는 말씀도 진실이 아니며, 당신의 테필린은 무효가 됩니다!"

또 한번은 이렇게 말했다.

"온 세상의 주님, 이스라엘은 당신의 머리에 있는 테필린입니다. 유대인은 머리에서 테필린이 미끄러져 땅에 떨어지면 즉시 집어서 깨끗하게 털고 거기 입을 맞춥니다. 하나님, 지금 당신의 테필린이 땅에 떨어졌나이다."

* 테필린은 유대인이 기도할 때 이마와 손에 착용하는 작은 검은색 가죽 상자다. 상자 안에 토라의 구절이 새겨진 양피지 두루마리가 들어 있는데, 그 본문에 오류가 있다면 테필린은 무효가 된다.

새의 노래

모세와 이스라엘이 홍해(갈대 바다)에서 구원받았음을 합
창하는 출애굽기 본문을 읽는 안식일, 곧 '노래의 안식
일'*이었다. 사람들이 사드고라의 랍비에게 물었다. "노래
의 안식일이 되면 곡물 가루를 준비했다가 새들에게 뿌려
주는데, 왜 이런 관습이 있는 겁니까?"

사드고라의 랍비가 대답했다. "어떤 임금님이 계셨지. 그
분의 궁궐이 여기저기 많이 있었어. 하지만 그분은 모든
궁궐을 마다하고 작은 별장을 짓게 하셨어. 임금님이 온
전히 혼자 계실 수 있는 곳이 바로 거기였지. 임금님 말고
는 아무도 들어올 수 없는 곳, 신하들도 감히 들어올 수 없
었어. 그런데 유일하게 그곳에 들어와 임금님과 함께 지
내는 새 한 마리가 있었어. 임금님은 그 새가 지저귀는 노
래에 귀를 기울이셨지. 최고의 연주자들이 연주하는 노래
보다 그 새의 노래를 좋아하셨어. 홍해가 갈라지는 순간,
하늘의 모든 천사와 스랍이 주님을 소리 높여 찬양했지.
그러나 임금님은 그 작은 새, 이스라엘의 노래에만 귀를
기울이셨어. 오늘 우리가 새들에게 먹이를 주는 것은 그

것을 기억하기 위해서라네."

   * 출애굽기의 네 번째 파라샤 베샬라흐를 읽는 안식일로, 히
    브리어로 שבת שירה이다. 이스라엘 백성이 홍해를 건너고 노
    래하는 출애굽기 15:1-18이 들어 있기 때문이다. 초막절 마
    지막 날인 심핫 토라로부터 16번째 안식일이므로 1월 말이
    나 2월 초에 돌아온다.

어떤 기도

코즈니츠의 랍비가 하나님께 기도했다.

"온 세상의 주님, 간절히 기도하오니, 이스라엘을 구원하여 주소서. 그것을 원치 않으신다면, 저 이방인들(히브리어로 '고이')을 구원해 주소서!"

오직 한 가지

사람들이 랍비 핀하스*를 찾아와 가난한 사람들이 얼마나 비참한 상태인지 말했다. 랍비는 모든 이야기를 주의 깊게 듣고 깊은 슬픔에 빠졌다. 마침내 그는 머리를 들고 큰 소리로 외쳤다. "이제 우리, 하나님을 이 세상에 모셔 오도록 합시다. 그러면 모든 문제가 해결될 것이오."

* 코리츠의 랍비 핀하스 샤피라는 하시디즘에 반대하는 리투아니아 출신이었지만 바알 쉠 토브의 중요한 제자 중 한 명이 되었다.

세 명의 수감자

'스랍'(불타는 천사)으로 불리던 스트렐리스크의 랍비 우리 (Uri)가 세상을 떠나자, 그의 제자 하나가 랍비 부넴을 찾아가 제자로 받아 달라고 청했다.*

랍비 부넴이 물었다. "너희를 가르치신 스승의 길은 어떤 길이었느냐?"

제자가 대답했다. "그분의 길은 우리 마음에 겸손을 심는 것이었습니다. 그래서 그분의 제자가 되려는 사람은 귀족이든 학자든 상관없이 일단 우물에 가서 양동이 두 통에 물을 받아 오거나, 마을 사람들이 다 보는 앞에서 이와 비슷한 수준의 비천하고 힘든 일을 해야 합니다."

랍비 부넴이 그에게 이야기를 들려주었다. "세 사람이 지하 감옥에 갇혔다네. 두 사람은 똑똑하고 한 사람은 어리석은 바보였어. 깜깜한 지하 감옥에서 식사는 어떻게 했을까? 위에서 누군가가 식기에 담긴 음식을 아래로 내려주었지. 바보 수감자는 지하 감옥의 어둠과 수감 생활의 괴로움 때문에 완전히 미칠 지경이었어. 아무것도 안 보여서 식기를 쓰지도 못하고 먹지도 못했어. 그래서 똑똑한 수감자 한 명이 그에게 가르침을 주었지. 하지만 다음 날이 되어도 나아지는 것이 없었어. 여전히 바보 수감자는 식기를 제대로 쓰지 못했어. 똑똑한 수감자는 바보 수감자 때문에 계속 고생을 했지. 상황이 이런데도 셋째 수감자는 아무 말 없이 앉아 있을 뿐, 바보 수감자를 챙겨 주지 않았어. 참다못한 둘째 수감자가 그에게 왜 같이 돕지 않느냐고 물었어. 그러자 그는 이렇게 대답했어. '자네는 그렇게 고생하는데도 목표에 이르지 못하고 있지 않나. 자네의 수고는 매일 그 자리야. 그래서 나는 가만히 생각해 봤네. 내가 무엇을 하면 좋을까. 그래서 벽에 구멍을 내기 시작했어. 구멍으로 태양 빛이 들어오면, 우리 모두 볼 수 있을 거야.'"

* 스트렐리스크 하시딤은 갈리치아에서 일어난 작은 왕조로, 뜨거운 열정으로 기도하고 노래하는 전통을 갖고 있다. 랍비 우리 클룩하프트는 특유의 열정적인 성격 때문에 히브리어 문학에서 자주 언급된다. 랍비 부넴이 이끄는 프쉬스하 하시딤은 신비주의보다 이성에 근거한 자기 성찰을 내세웠다.

창문

랍비 므나헴*이 이스라엘 땅에 살았을 때 이상한 일이 일어났다. 한 어리석은 남자가 아무도 모르게 감람산(올리브산) 정상에 올라가 쇼파르(뿔 나팔)를 불어 버렸다. 깜짝 놀라 어리둥절해하는 사람들 사이에서, 이것이야말로 구원을 선포하는 나팔 소리라는 소문이 돌았다. 랍비 므나헴은 이 소문을 듣자 창문을 활짝 열고 온 세상을 향해 이렇게 말했다.

"아무것도 새로워지지 않았다."**

> * 1777년 비쳅스크(하라도크)의 랍비 므나헴 멘델은 오스만 제국이 통치하는 이스라엘 땅으로 이주해 쯔팟과 티베리아스에 거주했다. 지도자 중에 이런 활동을 보인 예는 매우 드물다. 지금도 하시딤은 이스라엘 국가를 공식 인정하는 활동은 하지 않는다.
>
> ** 구원을 선포하기 위해서는 뿔 나팔을 불어야 하지만, 뿔 나팔을 분다고 구원이 일어나지는 않는다.

용어 해설

하시디즘

18세기 중반에 폴란드 남부, 갈리치아, 폴란드 중부, 우크라이나, 백러시아(벨라루스), 헝가리에 흩어져 살던 유대인들에게서 시작된 신비주의 운동으로, 유대인 사회에 큰 영향을 끼쳤다. 하시디즘의 가르침에 따르면, 하나님은 모든 창조 세계 안에 침투해 계신다. 인간은 사물의 본질에 집중함으로써, 또는 황홀경에 들어감으로써 하나님과 하나 됨에 이를 수 있다. 삶에 대한 긍정과 기쁨을 종교성의 핵심으로 여기는 하시디즘의 창시자는 이스라엘 벤 엘리에제르, 즉 바알 쉠 토브다. 하시디즘에서는 모든 사람이 진실한 신앙의 힘으로 짜디크(의로운 사람)의 단계에 오를 수 있다. 그 영예는 상속이 가능하다.

에트로그

"좋은 나무에서 딴 열매"(레위기 23:40), 감귤류의 과실이다. 초막절이 되면 에트로그 열매와 종려나무 가지, 버들가지, 머틀을 함께 들고 기도한다.

두려운 날
새해부터 욤 키푸르까지 열흘의 기간을 지칭하는 표현이다.

그마라
히브리어로 '완성된 설명, 해설'이라는 뜻으로 탈무드를 구성한다. 탈무드는 토라 법을 요약한 미쉬나와 그에 대한 랍비들의 해설인 그마라로 이루어진다. 바벨론 탈무드와 팔레스타인(예루살렘) 탈무드의 그마라로 나뉜다. 탈무드를 참조하라.

누룩 넣지 않은 빵
'마쪼트'(마짜의 복수)를 참조하라.

고이
히브리어로 이방인, 비유대인을 뜻한다.

하가다
이야기 문학 양식으로 전승되는 탈무드의 한 부분이다. 특히 유월절 세데르 만찬 때는 출애굽 이야기를 낭독한다.

할라하
유대의 종교법으로 모세오경의 율법과, 그와 동등하게 취급되는 구문법을 포괄한다.

초막절

추수감사 및 순례의 축제로, 나뭇잎으로 덮은 초막 안에서 8일 동안 지내야 한다.

예루살렘

이 땅의 예루살렘과 그에 상응하는 저 위 하늘의 예루살렘이 있다. 그리고 땅 위에 예루살렘 성전이 있는 것처럼 하늘에도 성소가 있다.

욤 키푸르

속죄의 날(대속죄일), 죄를 고백하고 정화하는 날이다. 일몰부터 다음 날 일몰까지 엄격한 금식을 시행한다. 이 명절이 시작되기 전 모든 사람은 서로 용서해야 한다. 속죄의 날에는 오직 하나 님께 지은 죄만 대속할 수 있기 때문이다. 사람에게 지은 죄는 사람에게 용서받아야 한다.

콜 니드레

히브리어로 '모든 서원'이라는 뜻이다. 욤 키푸르 저녁 예배를 시작하면서 부르는 기도문으로, 지키지 못한 혹은 지킬 수 없는 서원의 의무를 무효화해 달라는 내용이다.

마기드

히브리어로 '설교자'이며, 하시디즘 지도자 일부를 일컫는 별칭이기도 하다.

마쪼트

누룩을 넣지 않은 유월절 빵이다. 유월절은 누룩 넣지 않은 빵을 먹는 명절이며, 누룩을 집에 두어서는 안 된다. 누룩이 들어간 빵은 불에 태우고 그 재는 흩뿌려야 한다.

미쉬나

랍비들의 가르침 모음집으로, 주후 200년경 랍비 유다 하나씨가 원고를 모으고 정리했다. 미쉬나와 그마라를 합친 것이 탈무드다.

미트나게드

히브리어로 '반대자'(복수는 미트나게딤), 하시디즘을 반대하는 사람

페사흐

히브리어로 '넘어감'(유월)이라는 뜻으로, 위대한 안식일(유월절 직전의 안식일)부터 시작되는 명절이다. 이스라엘 백성이 이집트에서 탈출한 것을 기념한다. 봄이 되고 난 후 첫 번째 보름달이 떠오르는 날에 지킨다.

랍비

하시디즘에서는 보통 사람이 짜디크(의인)를 부르는 말이다. 이디시어 발음은 레베다.

라브

히브리어로 '스승'이라는 뜻으로, 백성에게 율법을 가르치고 그들이 율법을 잘 지키도록 안내해 주는 사람이다.

로쉬 하샤나

히브리어로 '해(年)의 머리', 9/10월에 돌아오는 신년 초하루를 말한다. 이날부터 열흘 동안 속죄와 참회를 하고 나면 그 절정의 날이 열흘째인 욤 키푸르다. '나팔절'이라고도 한다. 쇼파르를 참조하라.

쉐키나

사람들 가운데 계시는 하나님의 임재, 이 세상을 가득 채우는 그분의 함께하심을 뜻하는 말이다.

칠칠절

유월절 이후 7주가 지났을 때 거행하는 축제이며 히브리어로는 '샤부옷'(Weeks)이다. 첫 열매 축제이기도 하고 하나님이 시내산에서 모세에게 나타나 율법 주신 것을 기념하는 날이기도 하다.

쇼파르

로쉬 하샤나와 욤 키푸르 때 회당에서 부는 양각 나팔로, 전승에 따르면 이 나팔소리는 메시아가 오시는 것을 예고한다.

세데르

히브리어로 '순서'를 뜻하며 유월절 첫날 저녁에 거행하는 만찬이다. 특별한 의미가 있는 음식을 먹고, 기념의 포도주를 마시며, 출애굽과 관련된 이스라엘의 역사, 전설, 잠언, 찬송 등을 읽는다.

일곱 목자

탈무드는 미가의 예언서(5:4)에 등장하는 목자 이미지를 일곱 목자로 이해하고, 아담, 셋, 므두셀라, 아브라함, 야곱, 모세, 다윗으로 해석한다.

탈리트

(민수기 15:37-41을 따라) 어두운 줄무늬와 길게 늘어뜨린 옷술이 있는 직사각형의 천(숄)으로, 기도하는 사람이 자기 몸을 감싸기 위해 사용한다. 특히 아침 기도 때 많이 사용한다.

찟찟

탈리트에 달아 늘어뜨리는 장식용 옷술이다.

탈무드

히브리어로 '배움', '가르침'을 뜻한다. 구약 이후 시대 유대교의 교훈, 규정, 전승을 모아 놓은 가장 중요한 문헌이다. 앞부분은 먼저 형성된 '미쉬나'이고, 후대에 미쉬나에 대한 주석으로 추가된 것이 '그마라'다. 율법과 관련된 부분은 '할라하', 이야기는 '하가다'다.

테필린

양피지에 쓴 토라 본문을 담은 작은 상자로 가죽 끈으로 연결되어 있다. (신명기 11:18을 따라) 하나님과 맺은 언약의 징표로서, 평일 아침 기도를 드릴 때 하나는 심장 가까이에 있는 왼쪽 팔에, 다른 하나는 이마에 달고 기도한다.

토라

히브리어로 '가르침', '율법', '안내' 등을 뜻한다. 모세가 쓴 다섯 권의 책(모세오경)인 창세기, 출애굽기, 레위기, 민수기, 신명기를 뜻한다.

속죄의 축제

'욤 키푸르'를 참조하라.

짜디크(의인)의 계보

하시디즘 운동의 창시자

1   이스라엘 벤 엘리에제르(대략 1700-1760년), '바알 쉠 토브'
라고 불림

바알 쉠 토브의 손자

2   메즈비즈의 바루흐(1811년 사망)

바알 쉠 토브의 제자

3   메제리츠의 도브 베르(1772년 사망), 바알 쉠 토브의 탁월한

제자로서 '위대한 마기드'라고 불림

4 **코리츠의 핀하스**(1791년 사망)

5 **즈루초브의 예히엘 미할**(1786년 사망), '즈루초브의 마기드'
라고 불림

6 **크레메니츠의 모르데카이**

즈루초브의 예히엘 미할의 아들과 제자

7 **즈바리즈의 제브 볼프**(1800년 사망)

8 **네쉬츠의 모르데카이**(1800년 사망)

9 **프레미슐란의 아론 레입 메이르**

10 **체르노빌의 나훔**(1798년 사망)

11 **사라의 아들 레입**

루진의 이스라엘의 아들

12 **루진의 이스라엘**(1850년 사망), 메제리츠의 도브 베르의 후
손으로 대중의 큰 존경을 받았지만 러시아 차르의 미움을
받아 구금. 훗날 그가 정착한 부코비나 근처 사드고라에서
하시딤 왕조가 이어짐

13 **사드고라의 아브라함 야코프**(1883년 사망)

14 슈테피네슈트의 나훔

15 초르트코브(현재 우크라이나의 초르트키브)의 다비드 모셰
    (1903년 사망)

메제리츠의 도브 베르의 제자

16 비쳅스크(하라도크)의 므나헴 멘델(1788년 사망), 1777년 300
    명의 하시딤과 함께 팔레스타인으로 이주해 티베리아스
    에 거점을 세움

17 카를린의 아론(1772년 사망), 메제리츠의 도브 베르에 의해
    사자(使者)로 선택됨

18 니콜스부르크(현재 체코의 미쿨로프)의 슈멜케(1778년 사망),
    도브 베르의 제자들 가운데 최초의 설교자

19 사소브의 모셰 레입(1807년 사망), 니콜스부르크의 랍비 슈
    멜케의 제자

20 크로스노의 하임

21 바르디체브(현재 우크라이나의 베르디치우)의 레비 이츠하크
    (1809년 사망)

22 아니팔리(현재 우크라이나의 하노필)의 주샤(1800년 사망), 하
    시디즘에서 대중적으로 널리 알려진 위대한 인물로 하나
    님의 바보로 알려짐

23 리젠스크(현재 폴란드의 레자이스크)의 엘리멜레흐, 아니팔리

201

의 주샤의 형제로 메제리츠의 도브 베르의 계승자, 무언가
를 일으켜 세우는 능력이 그의 스승과 필적함

24 **리마노브(현재 폴란드의 리마노프)의 므나헴 멘델**(1813년 사
망), 리젠스크의 엘리멜레흐의 제자

25 **압테(현재 폴란드의 오파토프)의 아브라함 예호슈아 헤셸**(1822
년 사망), 리젠스크의 엘리멜레흐의 제자이며 하시딤과 짜
디킴 사이에서 결정하는 사람, 중재하는 사람으로 활동함

26 **리아디(현재 벨라루스)의 슈네어 잘만**(1813년 사망)은, 원래
비쳅스크의 멘델과 함께 팔레스타인으로 가려고 했으나
리투아니아에 거점을 세우고 하바드 왕조를 창설했다.

27 **스트렐리스크의 우리**(1826년 사망), 열정적인 기도에 헌신
하는 삶을 많이 가르쳐서 '스랍'이라 불림

28 **스트라틴(현재 우크라이나)의 아브라함**(1865년 사망), 스트렐
리스크의 우리의 제자

29 **레코비츠(현재 벨라루스의 리아카비치)의 모르데카이**(1811년
사망)

30 **레코비츠의 노아흐**(1834년 사망)

31 **코브린의 모셰**(1858년 사망), 레코비츠의 모르데카이의 제자

32 **코즈니츠(현재 폴란드의 코즈니체)의 이스라엘**, '코즈니츠의 마
기드'라 불렸으며 치유 능력 때문에 '신들린 자'로 알려짐

33 **루블린의 야코프 이츠하크**(1815년 사망), '견자'(חחח)라고
불림

34 **로프쉬츠(현재 폴란드의 로프쉬체)의 납달리**(1827년 사망)는

루블린의 야코프 이츠하크의 제자로, 의혹과 신실함, 권력 욕과 겸손함이 섞여 있었다.

35 **산즈의 하임 할베르슈탐**(1876년 사망), 로프쉬츠의 랍비 납 달리 쯔비의 제자로 논쟁과 황홀경의 대가

36 **시니아와의 예헤스켈**(1899년 사망), 산즈의 하임의 아들

37 **프쉬스하의 야코프 이츠하크**(1814년 사망), '예후디'라고 불림

38 **프쉬스하의 심하 부넴**(1827년 사망), 프쉬스하의 야코프 이 츠하크의 제자

39 **부르카(현재 폴란드의 바르카)의 이츠하크**(1858년 사망), 프쉬 스하의 심하 부넴의 제자

40 **구르의 이츠하크 메이르**(1866년 사망), 프쉬스하의 심하 부 넴의 제자로 루진의 이스라엘과 비슷한 아포리스트

41 **코츠크의 므나헴 멘델**(1829년 사망), 프쉬스하의 심하 부넴 의 계승자

옮긴이 **손성현**

한국외국어대학교 독일어과와 감리교신학대학교 신학과를 졸업한 후
같은 대학원에서 석사 학위를 받고, 독일 튀빙겐 대학교에서 신학박사
학위를 받았다. 여러 신학교에서 신학과 종교교육학을 강의했고, 지금
은 숨빛청파교회 담임목사로 있다. 옮긴 책으로 마르틴 부버의 《신의
일식》외에, 《칼 바르트》, 《칼 라너의 기도》, 《신과 악마 사이》, 《도스
토옙스키》, 《한스 큉의 이슬람》, 《역사적 예수》 등이 있고, 저서로 《나
를 넘어서는 힘》, 《청년들과 함께 넘는 천로역정 열 고개》가 있다.

하시디즘: 100개의 이야기

마르틴 부버 지음 | 폴 멘데스-플로어 엮음 | 손성현 옮김

2026년 2월 9일 초판 1쇄 발행

펴낸이 김도완　　　　　　　　　**펴낸곳** 비아토르
등록 제2021-000048호　　　　　　**주소** 서울시 종로구 삼일대로 428, 500-26호
　　　(2017년 2월 1일)　　　　　　　　　　(우편번호 03140)
전화 02-929-1732　　　　　　　　**팩스** 02-928-4229
전자우편 viator@homoviator.co.kr

편집 오주영, 정효진　　　　　　　**디자인** 김진성
제작 제이오　　　　　　　　　　　**인쇄** (주)민언프린팅
제본 다온바인텍

ISBN 979-11-94216-35-3 03230　　　**저작권자** ⓒ 비아토르, 2026